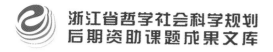

浙江省哲学社会科学规划
后期资助课题成果文库

粮食生产补贴、生产要素投入与我国粮食生产效率

Liangshi Shengchan BuTie、Shengchan Yaosu
Touru Yu Woguo Liangshi Shengchan Xiaolü

谢枫 著

中国社会科学出版社

图书在版编目（CIP）数据

粮食生产补贴、生产要素投入与我国粮食生产效率／谢枫著 .—北京：
中国社会科学出版社，2017.6

（浙江省哲学社会科学规划后期资助课题成果文库）

ISBN 978-7-5203-0654-6

Ⅰ.①粮… Ⅱ.①谢… Ⅲ.①粮食-生产-研究-中国 Ⅳ.①F326.11

中国版本图书馆 CIP 数据核字（2017）第 137487 号

出 版 人	赵剑英
责任编辑	谢欣露
责任校对	季 静
责任印制	李寡寡

出　　版	中国社会科学出版社
社　　址	北京鼓楼西大街甲 158 号
邮　　编	100720
网　　址	http：//www.csspw.cn
发 行 部	010-84083685
门 市 部	010-84029450
经　　销	新华书店及其他书店

印刷装订	北京君升印刷有限公司
版　　次	2017 年 6 月第 1 版
印　　次	2017 年 6 月第 1 次印刷

开　　本	710×1000　1/16
印　　张	14.25
插　　页	2
字　　数	175 千字
定　　价	59.00 元

摘　　要

　　粮食生产与发展是我国经济稳定发展的基础，也是历年来我国政府工作的重中之重。从 2004 年起，我国开始农业税试点改革并对粮食生产进行农业补贴，逐步建立了"四大补贴"为主要内容的粮食生产补贴制度。这四大补贴分别为种粮直补、农业机械购置补贴、良种补贴和农资综合直补。从积极的方面来讲，粮食生产补贴政策对提高农民收入、维护粮油市场稳定、保障国家粮食安全发挥了重要作用。但目前该政策也面临许多问题。一方面因粮食生产补贴额度较大，国家财政负担重；另一方面，国家对粮食生产补贴力度过大，可能扭曲粮食市场的价格形成机制，进而影响粮食生产的资源合理配置与技术进步，一定程度上抑制了农业生产的健康发展。我国在国际粮食市场上竞争力不断下降的事实（我国粮食生产成本偏高，粮食进口逐年增长），让我们更加关注粮食生产补贴对粮食生产效率的影响研究。

　　根据以往大量相关研究的观点，补贴会影响生产要素的价格形成机制，在一定程度上改变各种要素的相对价格和收益，并对不同生产要素的投入数量产生影响，从而导致生产要素投入结构的变化。同时，也有许多研究指出，农业补贴会扭曲农产品市场价格，从而引起农业生产中资源的无效率配置，导致农业的福利损失与效率损失。那么，我国粮食生产补贴政策实施十多年来，究竟对我国的粮食生产带来了什么影响？有没有影响各类粮食生产要素的投入？有没有影响我国粮食生产的效率？它会通过什么方式来对我国粮食生产进行影响？

基于此，本书研究的主要目标有三个：

（1）识别我国粮食生产补贴政策对于粮食生产要素投入的影响；

（2）探讨我国粮食生产补贴政策对于粮食生产效率的影响及其发生作用的途径；

（3）分析并提出我国粮食生产补贴政策的实施建议。

根据本书的主要研究目标，本书研究的逻辑思路是，在文献回顾和现状描述与统计分析的基础上，首先实证研究粮食生产补贴对于不同类别的粮食生产要素投入数量的影响效果（本书主要研究了劳动力要素、农业机械使用要素）。在此基础上，进一步实证分析粮食生产补贴对于粮食生产的全要素生产率（Total Factor Productivity，TFP）的影响，并通过理论分析与实证，检验粮食生产要素投入的资本劳动比是否是粮食生产补贴影响粮食生产 TFP 的中介途径。在分析与借鉴美国农业补贴的经验之后，最终提出研究理论结论和政策建议。

在粮食生产的过程中，主要的生产要素可以分为两个部分：劳动力要素和资本要素。通过分析我国粮食生产中的劳动力要素和资本要素在 2003 年以来投入的数量和各自占生产要素投入总成本的比例（数据主要来自《全国农产品成本收益资料汇编》），我们发现我国粮食生产劳动用工数量十年间大幅减少，亩均劳动用工数量几乎降低了 50%，而同时期机械化运用水平也从 2003 年的 32%，提升到 2013 年的 60%，说明这些年来我国粮食生产中农业机械对劳动力要素投入有替代作用。而在其他的粮食生产要素投入方面，化肥投入数量则在稳步增加，种子用量则处于相对稳定的波动状况。通过统计分析粮食生产要素投入的成本结构变化，我们发现在成本结构上，资本劳动比在前几年经历了小幅上升后，近 6 年来表现为持续地快速下降。但考虑到各生产要素价格影响，这种下降的资本劳动比并不能真正反映资本和劳动投入在数量上的变化，因此，需要利用生产要素价格指数对历年的生产要素投入进行可比性处理。处理之后数据显示，我国粮食生产要素的资本劳动比近年来一直呈现上升趋势。从 2003 年的不到 1倍，持续提高到 2013 年的 2 倍有余。因此，我国实施粮食生产补贴的 10 年来，粮食生产投入中资本要素已经极大地替代了劳动力要素，我国粮食生产方式发生了巨大的变化。

　　农业劳动力是粮食生产中劳动类生产投入要素，因此研究粮食生产补贴对农业劳动力转移的影响效应十分必要。本书从农业劳动力职业选择理论分析的视角，参考巴克利（Barkley，1990）提出的劳动力在产业间进行职业决策的理论模型，提出我国粮食生产补贴可能对农业劳动力向外迁移产生了一定的缓解作用。根据该理论分析模型，本书利用 2004—2013 年间的粮食生产补贴、农业劳动力迁移以及其他相关数据（数据主要来自《中国统计年鉴》和《中国农业统计年鉴》），利用 Eviews 8 统计软件进行了变量的回归分析。分析结果表明，我国粮食生产补贴的回归系数显著为负，说明粮食生产补贴显著地减缓了我国农业劳动力向非农产业的迁移。通过增加农业劳动力的收入，一定程度上实现了我国粮食生产补贴政策对于保留农业劳动力以保障我国粮食生产的重要目标。

　　农业机械是粮食生产中的主要资本类投入要素，是替代农业劳动力的主要资本投入，因此研究农业机械购置补贴对农业机械投入的影响，为进一步研究粮食生产补贴对粮食生产中的资本劳动比的影响有重要的意义。本书在消费者效用曲线和农户购买农业机械行为理论基础之上，提出了本书的研究假设，进而提出了计量经济模型。利用我国 2000—2013 年农业相关数据（数据主要来自历年的《中国农业机械工业年鉴》和《中国统计年鉴》），对计量经济模型进行了检验。检验结果表明，我国农业机械购置补贴对于我国农业机械总动力的影响效应积极而显著，对于大型拖拉机的拥有量也有积极而显著的影响，但是在数量级上，农业机械购置补贴的影响系数较小；另外，农业劳动力的迁移对于农户的农业机械购置同样有积极而显著的影响。

索洛（Solow，1957）理论认为，经济增长归功于生产要素投入的增加以及经济活动全要素生产率的提高，但促使经济增长的根本原因是提高经济体的全要素生产率（TFP）。也就是说，不能简单地把生产要素投入增加引起的产出增加看成经济增长。因此，要促进农业现代化的发展，根本的途径在于提高农业全要素生产率。我国近 10 年来主粮全要素生产率的年均增长只有 2.66%，这还主要得益于技术效率在 2004 年的大幅增长（其原因很大程度上是当时农业税试点改革而激发出的潜在生产力）。撇开此因素，我们发现，我国主粮全要素生产率近些年大部分时间都是下降的。在认清此事实的基础上，本书运用柯布—道格拉斯生产函数进行农户种植收益的理论分析，得出粮食生产补贴对生产效率具有消极影响的理论推论。实证检验的结果支持了本书的理论分析，也就是我国粮食生产补贴对于粮食生产的 TFP 有消极的影响。本书研究还发现，粮食生产要素投入的资本劳动比变化在该影响过程中起着部分的中介作用，也就是说，粮食生产补贴消极地影响粮食生产的 TFP，部分是通过改变粮食生产投入的要素结构实现的。（相关数据主要来自历年的《全国农产品成本收益资料汇编》和《中国农业统计年鉴》）

2014 年美国农业法案对美国农业补贴体系进行了重大调整，其中最引人瞩目的就是固定直接补贴方式的取消，取而代之的是与价格、收入或产量挂钩的农业补贴方式和化解农业风险的农业保险。美国农业补贴改革代表了世界最新的农业补贴体系的发展方向，也必将影响世界贸易组织的农业保护谈判。就目前而言，我国仍需要在构建农业法律体系、安全收入网，坚持农业保险配套改革，建立农民利益代表机构和积极吸引更多的新生代农民加入农业生产之中等方面做出努力。

综合以上研究成果和对美国经验的探析，本书最后提出了改进我国粮食生产补贴制度的建议：重新调整我国粮食生产补贴的目标；重新认识和建构国家粮食安全体系；优化农村劳动力结构；加快促进粮食生产规模化经营；构建连续、稳定的农业法律体系；逐步推动以市场为导向的农业保险配套改革；鼓励建立和发展代表农民利益的机构。

关键词：粮食生产补贴　生产要素　资本劳动比　全要素生产率

目　　录

第一章

导　　论

第一节　研究背景和意义

一　研究背景

从 20 世纪 80 年代起，我国社会经济发展水平和科学技术能力得到飞速发展，人民的生活水平也得到了极大的提高。在此期间，我国产业结构也在不断地变化，我国已从一个以农业为主的国家，发展成为一个制造业大国。第二、第三产业占我国国民经济的比例，到 2014 年已经超过 90%[①]。与此同时，我国农业的粮食生产在近 20 多年来也一直受到我国政府的高度重视。多年来农业政策都是政府一号文件的主要内容。在 2013 年的中央经济工作会议上，我国政府进一步强调了国家粮食安全战略，即以我为主、立足国内、确保产能、适度进口、科技支撑。在这次工作会议上，中央

[①]　据《2015 年国民经济和社会发展统计公报》，我国第一产业增加值占国内生产总值的比例为 9.2%，第二产业增加值比例为 42.6%，第三产业增加值比例为 48.2%。

政府还提出了农业生产支持政策的关键思路：健全国家对农业的支持保护体系，进一步确保农业补贴政策的连续性和稳定性。在农业补贴政策改革方向方面，提出了要逐步扩大"绿箱"支持政策的实施规模和范围，调整改进"黄箱"支持政策，充分发挥政策惠农增收效应，并提高农业补贴的导向性，使农业补贴的效能得到进一步的发挥。

在此背景下，国家统计局公布了《2014 年国民经济和社会发展统计公报》。其中，2014 年全年粮食种植面积 11274 万公顷，比 2013 年增加 78 万公顷。粮食再获丰收。全年粮食产量 60710 万吨，比 2013 年增加 516 万吨，增产 0.9%，至此，我国粮食总产量实现"十一连增"。其中，夏粮产量 13660 万吨，增产 3.6%；早稻产量 3401 万吨，减产 0.4%；秋粮产量 43649 万吨，增产 0.1%。全年谷物产量 55727 万吨，比上年增产 0.8%。其中，稻谷产量 20643 万吨，增产 1.4%；小麦产量 12617 万吨，增产 3.5%；玉米产量 21567 万吨，减产 1.3%。并且我国主要粮食单位面积的产量也比上年提高了 0.2%，达到了 5385 公斤/公顷（合 359 公斤/亩）。从粮食生产数据上看，我国粮食生产没问题，数字背后却是我国粮食进口连年快速增长的事实。从 2008 年起，我国就已经从粮食净出口国变成了粮食的净进口国，且进口的数量一直在飞速增长，其中 2012 年我国三大主粮（玉米、小麦、稻米）进口量同比分别增长了197%、195%、305%，[①] 到 2014 年，我国粮食进口近 1 亿吨，几乎占到我国粮食产量的 10%。

---

① 臧云鹏：《我国三大主粮进品猛增原因在哪？》，http://finance.people.com.cn/n/2013/0617/c1004-21862975.html，2013 年 6 月 17 日。

农业部农村经济体制与经营管理司司长张红宇在中国国际经济交流中心"经济每月谈"（2015 年 3 月）上指出，2014 年我国进口的大豆和谷物占到现有粮食产量 6.07 亿吨的 10%。在 2012 年、2013 年主粮连续两年净进口量保持 1300 万吨的基础上，2014 年小麦、稻米、玉米三大主粮进口总量为 818.4 万吨，比 2013 年同期减少 26.1%，出现了一定程度的下降，在某种程度上缓解了国内粮食库存高度积压和阶段性的粮食供给压力较大的问题。从细分的品种来分析，小麦进口数量在 2014 年为 300.4 万吨，比 2013 年同期减少了 45.7%；玉米进口 259.9 万吨，比 2013 年同期减少了 20.4%；稻米进口数量为 257.9 万吨，比 2013 年同期增加了 13.6%，但增幅比前两年又有一定的下降。虽然我国在 2014 年三大主粮的进口总量减少，但是大麦、高粱等主粮的替代产品进口却是大幅上升，导致谷物进口总量增加、结构变化明显。其中大麦进口 541.3 万吨，同比增长 131.8%，高粱进口 577.6 万吨，同比增长 4.4 倍。[①] 而来自我国海关的统计显示，我国 2014 年 12 月进口谷物及谷物粉 237万吨，全年累计进口 1951 万吨。2013 年同期累计为 1458 万吨，同比增长 33.8%。2013 年同期累计出口为 47.84 万吨，2014 年大米全年累计出口 41.91 万吨，比 2013 年同期减少了 12.4%。2014 年我国全年进口大豆 7140 万吨，同比增加 12.7%，创下历史新高，而 12 月进口大豆 853 万吨，较 11 月大增 41.5%。从进口粮食的价格来看，进口大豆平均成本不到 3400 元/吨，处于近年来低位，同时进口的运费等费用下降，进一步刺激了国内粮食的进口规模。所以，有的农业经济专家认为，2014 年全球大豆产量创出新的历史纪

---

① 赵卓、李楠：《关注粮食进口结构新变化》，《农民日报》2015 年 2 月 10 日。

录，期末库存显著增加，导致大豆价格持续下跌。而由于饲用蛋白粕的需求快速增长，我国大豆进口量连续十年增加，并突破 7000 万吨。[①]

如果说国际市场粮食的价格不断下跌，大幅低于中国国内生产的粮食的价格，那么，中国优先发展第二、第三产业，而把自己定位成"粮食净进口国"，进口大量的粮食会造成什么样的后果呢？近几年我国大豆产业的艰难生存与发展的经历已经部分地解答了这个疑问。截至 2013 年年底，进口大豆占国内大豆市场供给总量的 80%以上。[②] 同时，虽然我国大豆进口量的规模在世界市场上足够大，但中国买家并没有世界大豆市场的定价权。因此，由于国际市场上大豆价格一路上涨，我国大豆进口量不断攀升，带来的就是国内食品、粮油等终端消费品价格也不断提高，进而形成国内越来越大的输入型通胀。由此看来，我国大豆产业是一个缩影，虽然消费量占世界大豆市场的 60%份额，但是中国大买家却对大豆产品几乎没有什么定价权。同时，在国外大豆的市场冲击下，我国的大豆产业也不断退缩，生产规模、产量越来越小，不断陷入难以持续发展的泥潭。值得我们关注的是，不仅我国的大豆产业，其他粮食产业也都面临着粮食安全问题。该问题越来越成为我国经济发展亟待解决的重要难题。

而对于 2014 年我国粮食进口总量的下降，也有部分国内专家认为是政府主动调控的结果。他们认为，虽然我国粮食产量在 2014 年

---

① 《2014 年我国粮油进口数据》，http://www.cngrain.com/Publish/news/201501/579989. shtml，2015 年 1 月 14 日。

② 《我国大豆进口 6340 万吨创纪录　对外依存度超 80%》，《证券日报》2014 年 2 月 7 日，http://finance.sina.com.cn/money/future/fmnews/20140207/065818141196.shtml。

实现了"十一连增"且质量有所提高，但国内价格明显高于进口粮食的到岸税后价，这种情况下我国2014年粮食进口数量的下降，主要是进出口调控，尤其是进口配额管理的结果，因此，政府在粮食进口中的调控政策对于我国粮食生产会发生重要作用。在本书看来，以上专家对粮食进口量下降中政府管制作用的迷信，只是意味着短期内政府政策的有效性，政府管制对市场的价格机制扭曲和资源配置改变的结果在长期内不可能持续。长期来看，市场力量才是起决定性作用的因素。

从世界粮食市场来看，由于具有丰富的耕地资源与现代化技术条件，一些外国主要农产品出口国还有很大可能性继续扩大其粮食种植规模。比如美国，它在2014年向我国出口的高粱数量占到了总量的93.8%；澳大利亚在2014年向我国出口的小麦数量占到了总量的71.6%。[①] 它们很有可能利用自身的生产优势扩大种植面积。其带来的巨大的价格与数量冲击，将进一步加大我国现有生产条件下粮食的生产成本与库存的压力。这些国际市场中的农产品市场与价格的问题，促使本书进一步考虑，为什么国内粮食生产的竞争力越来越低？如果说是由于资源禀赋差异或者我国粮食生产效率与国际粮食生产效率比较劣势，那么就有必要检讨我国的农业粮食扶持政策的效果了。

从2004年起，我国开始进行农业税试点改革并对粮食生产进行农业补贴，并逐步建立了"四大补贴"为主的粮食生产补贴制度，该补贴主要包括了粮食直接补贴、良种补贴、农业机械购置补贴和

---

① 《2014年我国粮食进口继续保持较快增长》，《农民日报》2015年2月11日，http://www.cu-market.com.cn/hgjj/20150211/1433242019.html。

农资综合直接补贴。自2005年起，我国又在粮食主产区采取了临时收储政策以及最低收购价政策等。从积极的方面来讲，这些国家农业政策对提高农民收入，维护粮油市场稳定，保证国家粮食安全发挥了重要作用。但目前这一系列政策也面临许多问题：一方面是因粮食生产补贴额度较大，国家财政负担严重；另一方面，国家对于农业粮食生产补贴的力度太大的话，有可能会扭曲粮食市场的价格形成机制，导致大量资源配置由非农就业领域向粮食生产领域转移。配置的方式与效率也与粮食生产补贴的形式密切相关，同时处于中间环节的农产品收储和加工企业的相关成本也将大幅增加，进一步抑制了农业生产的健康发展。再加上我国粮食产量不断增长，也加大了国家粮食生产补贴的财政负担。

与此同时，我国粮食在国际市场上的竞争力不仅没有提高，反而在不断下降，这可以从国际市场粮食价格水平与国内粮食价格水平的对比可以看出。美国、泰国等国的粮食种植成本较低，中国的粮食种植成本偏高，这是导致国内粮食批发市场价格高于美国、泰国等国的粮食出口离岸价的重要原因。以小麦为例，2007年和2008年我国小麦生产成本分别为5545.95元每公顷、5466.68元每公顷，这比美国分别高163%和129%；2007年总成本为6579.15元每公顷，也比美国高114%。美国小麦生产成本之所以较低，主要是因为美国自然条件较优越，农业基础设施较发达、完备。数据显示，我国除2007年农药成本支出低于美国外，种子、化肥、农业机械投入、灌溉成本等支出都大幅高于美国。而且由于用工量较多，2007年中国小麦生产投入的家庭劳动力及雇用工人成本分别比美国高328%、15.8%。有些数据容易让人产生误解，比如2012年我国大米、小麦、玉米的自给率分别为99%、97.3%、97.6%，大豆的自给率较低，只有 18.4%，但由于大豆在整个粮食中比例不大，所以我国综合的自给率依然有 88%。从这组数据来看，我国的粮食安全看起来并没有什么大问题，自给率依然很高。如果国外价格高，或者国内外粮价差不多，进口少说明了我国具备同类产品的国际竞争力。那么实际情况却是怎样的呢？2014 年的四种主要谷物产品即大米、大豆、玉米和小麦，它们的国内市场价格远高于国际市场价格，分别高出了 73 美元/吨、180 美元/吨、530 美元/吨和 103 美元/吨。相对来看，四种粮食价格分别要高出 17%、88%、60% 和 33%。① 从四种粮食的平均价格来看，国内平均价格要高出国际价格约 50%，这意味着国内粮价平均比国外高出一半。在我国国内消费结构中，大米、玉米的消费占比较高，而小麦、大豆的占比相对低，即使用消费量进行加权平均，结果也是高出 50%。因此，相对于国际粮食市场，我国国内的高粮价可能是我国实施粮食高度自给要付出的成本。

为此，基于我国粮食的生产效率以及粮食的国际竞争力视角，本书将从提高我国粮食生产竞争力的角度，探讨我国粮食生产补贴对于我国粮食生产效率的影响。由于粮食生产补贴最为直接的影响效应就是改变了粮食生产中各相关生产要素的市场价格预期，进而改变生产者对于粮食生产要素的投入，包括投入要素的数量、比例和技术水平。因此，本书将从探讨粮食生产补贴对于粮食生产要素投入的影响入手，并在此基础上，进一步探索粮食生产补贴对于我国粮食生产效率的影响。

① 《国内粮价比国外高 50%》，《东方早报》2014 年 10 月 28 日，http://news.tangjiu.com/html/shichangxingqing/shuiguolei/20141028/204078.html。

二　研究意义

粮食安全问题历年来都是我国政府工作的重中之重，而粮食生产补贴政策实施10多年来，补贴金额一直在大幅增长。那么，如何衡量我国粮食生产补贴政策对粮食生产的影响？更具体地说，粮食生产补贴如何影响我国粮食生产要素的投入数量与比例？如何影响我国粮食生产的全要素生产率的变化？通过什么途径影响我国粮食生产的全要素生产率？这将是本书研究的中心议题。

（一）现实意义

2004年以前，我国粮食产量连年下降，由1998年的5.12亿吨下降至2003年的4.31亿吨，[①]产量下降的主要原因是粮食种植面积减少、劳动供给不足、生产技术水平落后、农民生产积极性不高、自然灾害等。面对这样的不利局面，我国政府开始高度重视粮食生产在国民经济中的重要地位，不断加大对农业的投资并缩减农业税直至2006年全部取消。同时从2004年起对粮食生产实施生产补贴，以促进我国粮食的生产，其效果是显而易见的。2004—2014年，我国粮食生产实现了"十一连增"。但也不能盲目乐观，应该清醒地看到，伴随着我国粮食不断增产的利好消息，近年来我国粮食进口的数量与比例也在不断增长。国产粮食价格相对国际市场价格仍然很高，国家粮食安全问题仍然是我国政府面临的一个严峻挑战。出于对粮食保障与安全问题的高度重视以及对现实严峻挑战的应对，2015年1月，我国农业部宣布启动了"土豆主粮化"战略，

---

① 刘英丽：《中央政府出台利农措施 百亿直补将刺激粮食增产》，《新闻周刊》2004年4月12日，http://www.chinanews.com/n/2004-04-12/26/424259.html。

马铃薯将成为稻米、小麦、玉米之外的又一主粮,成为我国三大主粮的补充,逐渐成为第四大主粮作物,并争取在2020年达到50%以上的马铃薯作为主粮消费的目标。

从2004年起我国实施的粮食生产补贴政策,即粮食直接补贴、农业机械购置补贴、良种补贴和农资综合直接补贴,是我国当前支持粮食生产最为重要的财政支农政策之一。该政策实施10多年来,在一定程度上实现了提高农民收入以及保障我国粮食生产的目标。但是从我国粮食安全保障与可持续发展的角度来看,我国最重要的农业政策之一的粮食生产补贴政策引致的经济效应有待进一步探索。粮食生产健康、稳定的发展依赖于合理的生产要素投入、生产要素中科技含量与粮食生产效率的不断提高,因此,有必要对粮食生产补贴政策对于我国粮食生产要素的投入影响效应进行深入的探索,并进一步分析粮食生产补贴政策对于我国粮食生产的全要素生产率的影响,其作用途径如何。这对我国今后粮食生产补贴政策的调整和优化,提高我国粮食生产的全要素生产率,以及促进我国粮食生产可持续发展,有着重要的参考意义。

(二)理论意义

我国粮食生产补贴政策的经济效应近年来一直是学者们研究的焦点主题之一,但大部分的研究都侧重于探讨粮食生产补贴对于两个目标,即提高种粮农民的收入和提高粮食产量的影响方面,并且着重于分析粮食生产补贴与这两类变量的计量关系。如沈淑霞等(2008)对吉林省的粮食生产补贴与粮食产量间的关系进行了分析,结果显示粮食直接补贴能提高粮食产量;王小龙等(2009)对中国粮食财政支持政策的产出效应进行计量分析,结果显示,多年来我国财政用于粮食生产补贴的支出对我国粮食产量增长的贡献十分明显，其作用超过了农业劳动力投入对粮食产量增长的影响效果，同时还发现，不同的粮食生产补贴方式对粮食产量增长的效应存在着较大的差异；刘俊杰等（2008）利用我国三种主粮投入产出的面板数据，经过计量分析认为，补贴政策对粮食产量的增加有积极的作用，但是其影响程度比较有限；张照新等（2007）的研究指出，粮食生产补贴政策提高了粮食单产，从而增加了粮食产量。在微观数据研究上，王姣等（2007）对一批农户进行了粮食生产调查，数据分析显示，国家的粮食生产补贴政策对农户粮食产量有促进作用；盛燕（2006）对种粮农户进行了调查，她的数据分析表明，国家的粮食直接补贴政策对促进农户的粮食生产热情产生了积极的影响，而这个影响主要是通过激励种粮农户增大其粮食种植面积实现的。综观以往相关研究，大部分是分析粮食生产补贴政策实施前后或补贴标准变化对农户粮食生产和种植业收入的直接影响，却没有充分考虑粮食生产补贴政策对农户农业生产行为或者非农劳动行为的影响，忽视了粮食生产补贴政策所引起的农户生产要素投入、非农劳动行为的变化，缺少其对提高家庭收入的间接影响研究。通常只是分析在不同补贴方式下，粮食生产补贴标准变化对农户种粮本身的行为影响，没有充分考虑农业产出品价格变化、农户土地经营规模变化，特别是劳动力以及生产投入要素价格上涨对粮食生产补贴政策绩效的影响。

　　首先，综观近年来国内对于我国粮食生产补贴的理论与实证研究，学者们对补贴的政策绩效有了许多有价值的理论结论。最为普遍的研究成果是，从理论和实证上认为我国粮食生产补贴政策达到了预期的政策目标，即增加我国粮食产量和提高农民粮食生产收入。但有必要进一步思考的是，从我国农业的可持续发展视角来看，我国粮食生产补贴的两个政策目标（即增加我国粮食产量和提高农民粮食生产收入）只是在特定历史阶段由政府相关部门提出，可能与我国粮食生产的长期目标及我国粮食生产的可持续发展并不一致。所以，有必要跳出以上两个短期目标，立足长远探讨我国粮食生产补贴政策的经济效应。

其次，粮食生产补贴政策发生作用的过程和机制还缺乏研究，但这却是更值得深入探讨的内容。在这方面，多年来国外学者做了深入的探讨。他们对农业补贴作用过程的研究成果值得我们借鉴。国外对农业政策支持下农户行为的经济学理论以及农业支持政策的理论研究相对比较成熟。其研究视角广阔，研究内容与深度在不断发展和创新，研究成果丰富并有深刻启发。在研究内容方面，国外研究并不简单局限于传统经济学理论，而是更加深入地研究了农业补贴对于农户生产行为的影响，并建立了一系列农户行为的理论模型，深入说明农户在政府政策、市场与社会等外界因素影响下的行为。许多相关研究在探索农业支持政策对于农户生产决策行为的影响时，更为深入地探索了农户在特定农业支持政策下的生产要素投入、粮食种植和投资方面的决策行为，以及外界条件变化对策行为的影响。此外，国外研究也从心理学角度探索了农业支持政策的影响，他们着重研究农业支持政策下农户的心理预期、风险偏好是如何对自身的生产决策行为产生影响的。这些丰富的理论研究成果为我们深入探讨粮食生产补贴的作用机制提供了有益的参考。

由此，深入研究粮食生产补贴政策对我国粮食生产投入与运作过程的具体影响机制及其效应，对于我国粮食生产补贴政策的设计以及相关理论研究来说，有着重要的借鉴意义和参考意义。

第二节   文献综述

西方国家对于粮食生产进行补贴有着相对长的历史，如美国在20世纪初就有多项专门的政策法案（如农业调整法案、农作物保险补贴等）为粮食生产提供支持。不仅如此，其补贴政策还一直处于不断变化、递进与深入之中。当然，西方国家粮食生产补贴政策的不断修正和演化与国外学者对农业补贴政策实施效果的研究成果紧密联系。学者们研究的内容与角度多种多样，涵盖了从宏观的粮食产业发展到微观的农户行为的各个方面。我国在2004年才开始实施粮食生产补贴。国内学者对粮食生产补贴政策的实施及其效果的研究，相对西方国家的研究来说，还处于起步阶段。因此，下面将分别回顾国外和国内粮食生产补贴效应的相关研究。

一   国外粮食生产补贴效应的研究综述

（一）粮食生产补贴在粮食产出和农民收入方面的效应研究

国外学者对粮食生产补贴的效应研究包括很多方面，如粮食产出、农民收入、不同群体受益差异、农民收入差距、农业结构调整等，但多数效应研究集中在粮食生产补贴对粮食产出增加与否和农民收入提高与否方面。学者们没有得出一致的结论，兼具消极效应和积极效应两种不同结果。

在粮食生产补贴的积极效应影响研究方面，Hueth Brent（2000）和 Valdes（1999）的研究，指出了粮食生产中政府的直接补贴会通过降低农户风险、增加农户收入以及放松农户面临的信贷约束，从而激励农户增加在粮食生产中的生产要素投入，并提高其粮食产出水平。Sckokai 和 Moro（2006）在研究中分析了意大利的粮食生产补贴政策对该国粮食产出水平的影响，研究结果显示粮食生产补贴政策能够显著提高粮食产出。Gohin（2006）和 Latruffe（2009）运用 CGE 模型进行了类似的研究，其结果与 Sckokai 和 Anton（2005）的研究结论大概相似，即直接收入补贴政策对粮食产量有显著影响。而 Beach 和 Uric（1997）的研究表明，如果取消对农户的直接收入补贴政策，粮食产量将会下降 4.39%，土地的租金也会下降 14%。Happe 和 Balmann（2003）的研究也表明，"脱钩"的粮食生产直接补贴政策对于农业结构的调整和粮食产出率的提高有积极的作用。

而有的研究指出粮食生产补贴政策在粮食增产和农民收入增加方面效应并不显著。Burfisher 和 Hopkins（2003）在其研究中认为，政府"脱钩"的直接收入政策对粮食产量影响不明显，难以实现理论上对粮食生产和农民收入的刺激作用。Joe 和 Cameron（2002）研究了政府"脱钩"的粮食生产支持政策对粮食贸易、竞争力以及农民收入的影响。他们的研究结果表明，从长期来看，政府的粮食生产支持政策效率是低下的，并不能显著地促进粮食增产和农民增收。Fall 和 Magnac（2004）研究了法国农民的粮食生产补贴情况，他们利用 CGE 模型研究政府的直接粮食生产补贴对于农户生产行为的影响，其结果表明政府的粮食直接补贴对农户生产效果影响并不大，不过该政策在一定程度上对于贸易扭曲的减少和对环境的改善还是有一定作用的。J. Baudry（2004）研究了多个不同的政府粮食生产支持政策的效果，包括土地面积补贴、粮食产量补贴等不同类型的粮食生产支持政策实施效果。他们的研究结果表明，研究范围内的政府粮食生产补贴政策之间的实施效果差异并不大，并且各种补贴的效率也普遍低下。Happe 等（2003）采用空间经济动态模型研究了德国一个地区采用直接粮食生产补贴政策对农户生产经营的影响，结果显示政府根据农户经营土地的规模而进行的直接粮食生产补贴政策对于当地农民收入、农业竞争力以及农业结构调整并没有产生显著的积极影响。Serra 和 Zilberman（2005，2006）在其研究中指出，政府"脱钩"的粮食生产直接补贴并不能显著提高当地的粮食生产率，粮食产出的变动更多地受其他外界因素的影响，而政府对农户的粮食生产补贴政策通常会转变成土地价格（地租）的提高，而对提高农户的粮食生产收入的作用非常小。

农业政策的影响通常是个长期的作用过程，评价粮食生产补贴政策对农民收入与粮食产出的影响，不仅要考虑政策的长期效应，还要考虑初始的政策补贴水平和农户的长期需要。不同的欧盟成员国由于其地区差异，他们从公共农业政策（CAP，Common Agriculture Policy）中获得的受益程度也有非常大的差异（Zanias，1991；Balamou and Psaltopoulos，2006）。而且，Giannakas 和 Fulton（2005）指出，政府补贴政策的实施成本也是影响补贴政策实施效果的重要变量。以往研究也同样表明，政策的实施并不尽如人意，在一些外部因素，如土地规模、信贷约束、风险偏好等因素影响下，政府粮食生产补贴政策可能并不能得到顺利的实施（Hopkins et al.，2004；程杰等，2008；Benitez and Kuosmanen，2006）。Baffes 和 Meerman（1998）认为，不能把粮食生产补贴所带来的直接收入作为农民的脱贫计划，也不能作为激发部门生产与增长的手段，必须预防政府粮食生产直接补贴政策对农户收入差距加大的影响。

（二）粮食生产补贴对农户生产行为的影响研究

粮食生产补贴政策对农户生产行为的影响主要表现为粮食生产

补贴会对农户粮食生产投入要素配置的行为产生影响。具体而言，这个影响表现在农户的劳动时间投入和农业资本类生产要素的投入方面。政府对不同粮食生产要素投入的生产补贴通常会导致粮食生产要素的错误配置，进而影响粮食的生产效率。

粮食生产补贴对农户劳动力时间投入的影响研究常常是通过粮食生产补贴对农业劳动力迁移的影响来反映的。国外部分研究关注了粮食生产补贴政策对于农业劳动力迁移的影响。以希腊为例，希腊实施了 CAP 政策来对粮食生产进行支持，并对粮食生产进行了巨额的补助。在过去 20 多年里其农业经济经历了显著的变化，农业部门所占国民经济的相对规模大幅下降，劳动力也发生了大幅的调整与减少。希腊在传统上依赖于家庭农业和家庭劳动力，而现在家庭劳动力数量显著减少，农业雇佣工人的比例在不断上升（Labrianidis and Sykas，2010）。农业 CAP 改革直接导致家庭农户的收入降低，并对农业雇佣工人的需求不断增大（Kasimis，2005）。Breusted 等（2011）调查了欧洲 100 多个地区实施粮食生产补贴对于劳动力迁移的影响，发现粮食生产补贴政策在 20 世纪 90 年代减缓了劳动力结构的变化。Becker 等（2010）对 200 多个欧盟地区在 1989—2006 年间粮食生产补贴对劳动力影响进行了数据研究，结果显示并没有对农业劳动雇佣产生显著的影响。Petrick 和 Zier（2012）估计了东德三个地区补贴政策对于劳动力的影响，发现挂钩和不挂钩的粮食生产补贴政策、农村经营的财政支付都会对劳动力向外迁移产生积极影响，虽然他们的地区性结果并不能推论到整个欧盟地区。因此，该方面的研究结论之间，存在或多或少的不同，也没能得到一致性的理论结论。

劳动力要素作为粮食生产中的一个重要生产要素投入，其对粮食劳动生产率的影响也有不少西方学者在研究。Avner 和 Ayal（2002）的研究表明，多年来中国农村劳动力向城市迁移会增加粮食生产中资本要素的投入，进而提高粮食劳动生产率。借鉴墨西哥移民的经济效应，Kenneth（1997）研究了中国农村劳动力转移对粮食生产的影响，认为农村的内部移民和农村向城市的移民可以提高农户粮食生产的收益能力，并有利于粮食产量的提高。

粮食生产补贴同样也会对粮食生产的资本要素投入产生影响，进而影响粮食生产效率。Liefert 等（2005）在研究中发现，政府的农业机械补贴投入显著地促进了农业产量的提高。西方学者并不局限在粮食生产补贴对资本类生产要素投入的影响研究。他们的研究视角往往更宽泛，比如从政府公共支农支出角度、从不同受益群体的角度、其他农产品角度等来探讨对农户资本类要素的投入影响。这些研究成果对本书研究有一定的参考价值。Orachos（2005）的研究结果表明，相比其他技术投入而言，政府农业机械化的公共支出要比私人支出少得多。政府在机械化方面的公共支出能够大幅度降低生产者的资本成本，而生产者的私人机械支出却会增加资本成本，加大他们的经营成本。政府的机械化公共支出一方面可以促进粮食生产，增加谷物收益，但另一方面导致鲜活农产品及其他产品生产的缩小和收益的收缩。Usha 等（2004）在研究中指出，政府对粮食生产投入品的补贴表面上是降低了农民粮食生产的成本，实际上它的效果是提高了农民的生产经营收入，而其收入的提高反过来又会促进农民对粮食投资增加。而这类补贴政策的一个缺点就是，政府生产投入补贴的大部分收益被中上层农民所获得，而小农户通常还是只能通过耕作来提高收入。Pomfret（2003）研究了若干中亚的前社会主义国家实行的棉花农业机械化生产补贴政策。研究发现，由于这些国家当时农业生产力水平的约束，其农业生产要素的投入比例并不足以支持他们所追求的农业机械化效果，这些地区超前推动农业机械化进程的政策导致他们承受了重大的经济与发展的损失。

　　在粮食生产补贴对各类粮食生产要素投入的共同影响下，不同的农户在不同的条件下呈现出来的生产投资行为更加复杂。粮食生产补贴会在一定程度上降低农户生产经营的风险，并促进农户提高他们的粮食生产投资（Mullen et al.，2008）。Sckokai 和 Moro（2006）在研究中建立了基于风险厌恶偏好的粮食生产补贴与农户粮食生产行为模型，其研究结果表明农户的粮食生产投资与粮食生产直接补贴之间有着显著的正相关。Hennessy（1998）的研究结果显示，与粮食生产脱钩的政府直接收入支付政策会改变农户的风险偏好、信贷约束以及收入的水平，从而影响农户在粮食生产中的要素投入决策与行为。此外，政府粮食生产补贴还会通过放宽农户的信贷约束并改变农户收入预期的途径，对农户当期生产决策和投资水平产生影响（OECD，1999），一些实证研究同样也显示了负债水平高的农户更加倾向于进行更少的粮食生产投资（Weersink，Clark and Turvey，1999；Hone and Whittaker，1991；Chambers and Lee，1986）。这些研究也从不同的方面说明，政府的直接粮食生产补贴政策能够在一定程度促进农户对粮食生产的投资。Goodwin 和 Mishra（2003，2004）的一个实证研究结果发现政府采用灵活性生产合同对农户的大豆、大麦以及小麦的种植面积有积极的影响。Mclntosh 和 Shogren 等（2007）对农户在政府反周期支付政策情况下的粮食种植行为进行了研究。他们对不同情景条件下的农户生产行为的模拟研究显示，农户在政府补贴政策下更为愿意选择保护性农作物品种，并扩大种植面积。Bhaskar 和 Beghin（2008）在研究中利用随机动态规划模型，实证分析了政府脱钩的粮食生产补贴政策对于农户种植面积的影响。研究结果指出，对政府未来粮食生产补贴政策的预期显著地影响了农户的种植决策行为。Kropp（2011）的研究表明，政府的粮食生产直接补贴显著地提高了农户的信贷水平与愿望，并降低了农户粮食生产中的成本投入，从而对农户扩大作物种植规模有很好的激励效果。不过也有一些学者的研究指出，政府的粮食生产直接补贴政策对于农户改变农作物种植面积的影响程度并不大（Sckokal and Anton，2005）。

（三）粮食生产补贴对粮食生产率的影响研究

在当前我国城市化与工业化发展的过程中，农业是保障我国国民经济持续发展的基础产业。农业发展在很大程度上要依赖于农业的技术进步和农业投资的增长，因此技术变革，包括革新已有耕作技术、提升农业技术与应用水平、开发与推广优良的种子和更为优良适合的农业肥料，就显得尤为重要。

粮食生产率增长的过程也通常是粮食生产中资本劳动要素投入不断变化的过程。德拉格兰德维尔（De La Grandville，1989）首先提出了资本劳动替代弹性对经济增长的重要性。他指出经济生产中人均产出的持续增长与资本劳动替代弹性的大小紧密相关，国家经济生产中的资本劳动替代弹性越大，越加有利于一个国家的经济稳定和健康的增长。他认为在经济生产中的固定投入产出比下，有较高替代弹性的国家将具有更快的经济增长率。以往研究通常将这种看法称为德拉格兰德维尔假说（De La Grandville Hypothesis）。德拉格兰德维尔（1997）进一步指出，劳动替代弹性是经济增长的重要动力。他推测，日本和东亚国家的增长奇迹也许并不是因为它们有较高的储蓄率，或者具有更高效率的技术进步，其增长很可能是由于这些国家具有较高的资本劳动替代弹性。

因此，研究我国粮食生产中生产要素投入的变化，以及由此而产生的生产要素资本劳动比的结构变化对我国粮食生产率的影响有重要的意义。Chau 和 de Gorter（2005）以及 Card David 和 Dean R. Hyslop（2007）指出，对农户粮食生产补贴的直接支付可能影响农户是否继续种植的决策。当政府的粮食生产补贴支付能维持农户生产边际成本不大于边际收益时，这些农户往往选择继续进行粮食生产，而这将会阻碍农业部门生产技术的变革与进步。当政府支付直接给予某个特定生产要素时，比如土地，则会激励农民追求扩大土地拥有量，而不是从事那些对生产效率更有利的要素投入与改进，因而改变了农户生产投入要素的比例。

虽然从理论上可以推出多种多样的粮食生产补贴对于粮食生产效率的影响，但这方面的实证研究数量却相对有限。大量实证研究集中在粮食生产补贴对于粮食产出数量、农户生产意愿以及粮食生产投入要素的影响等方面，而关于粮食生产补贴对于粮食生产率影响的研究却相当欠缺。有限的相关研究指出粮食生产补贴会对粮食产出产生积极作用，而对粮食生产率产生消极影响（Hennessy，1998；Cianian and Swinnen，2009）。但这个研究结论并没有得到其他实证研究的支持。一些研究认为农业补贴对于农业生产的生产率有积极的影响（Sauer and Park，2009）。

在国外，欧盟对农业的 CAP 补贴实施了多年，有一系列针对某些具体特定农业生产类别的研究，试图探索生产补贴与生产率间的关系。Latruffe 等（2009）研究发现，在法国种植小麦、油菜等品种的农场中，欧盟的 CAP 补贴对于生产率发生了消极的影响作用。Douarin 等（2011）研究了欧盟七国在 1990—2007 年间实施农业

CAP 补贴的效果，指出在这七个国家里生产补贴都对农场的生产率产生了消极影响。Vizvári 和 Lakner（2009）的研究表明，在德国，政府的农业环境支付补贴以及投资项目对农场的生产效率带来了消极影响。而 Zhu 等（2012）研究发现，不管是粮食产出还是生产补贴都对 1995—2004 年德国和荷兰的农场生产率造成了消极的影响，但对瑞典的农场生产率却没有消极影响。相反地，也有一些学者研究后指出，这些补贴对于农场生产率提升有积极影响。Sauer 和 Park（2009）研究发现，在 2002—2004 年间丹麦的有机农业补贴对于有机粮食农场的技术效率和技术水平变化都有积极的影响。玛丽（Mary，2012）对不同类型的 CAP 补贴在 1996—2003 年间对法国粮食生产农场的效率影响进行了分析。结果发现，挂钩式的粮食生产补贴对于粮食生产率有消极的影响，与此相对，那些与审核项目相联系的、非无条件给予的目标导向式补贴，对生产率提高也没有显著的影响。

综合以上研究成果，我们可以看出，西方学者对农户行为经济学的理论研究以及政府粮食支持政策的经济效应的理论研究出现了大量有价值的成果。这些成果对于我们清晰地认识政府粮食生产补贴政策的效应有着重要的价值。在研究内容上，西方学者的研究并不简单局限于传统经济学理论视角，而是更加深入地去进行粮食生产补贴对于农户生产行为影响的经济学研究，并通过对补贴政策下农户行为模型的建立与描述来说明农户在各种外界因素影响下，如社会、经济、市场、政策等因素，农户的农业生产决策行为与特征，如农户在特定农业补贴政策中的劳动投入决策行为、投资决策行为以及种植决策行为的变化。这为今后的相关农户行为研究奠定了雄厚的理论基础。部分国外研究还从心理学角度探索了粮食生产补贴政策影响下农户的生产决策行为、风险偏好对其心理预期的影响。并且提醒我们，在评价粮食生产支持政策的实施绩效时，避免从某一个或两个简单的政策目标出发，而要综合考虑生态环境、农业生产者收入、农业生产效率、国际贸易影响以及对地区农业可持续发展的影响，对政府的粮食生产补贴政策进行更为客观的评价。

二 国内粮食生产补贴效应的研究综述

虽然我国从 2004 年起才开始实施粮食生产补贴，但近些年来国内这个领域的研究发展也较为迅速，从原来的以定性分析为主发展到现在越来越注重采用计量经济学工具进行相关研究。

（一）粮食生产补贴对粮食产出和农民收入方面的效应研究

国内有不少对政府粮食生产补贴政策效应的实证研究，这些研究基本围绕着种粮农民积极性是否提升、粮食产出是否增加、农民收入是否提高三个方面来展开。多数学者认为，我国粮食生产补贴对粮食产量增加有一定的促进作用，但促进程度尚不统一。对种粮农民积极性的影响，则普遍认为有激励作用，但程度有限。

张建杰（2007）对河南省的农户进行了一系列的调查，数据结果显示，我国当前实施的粮食生产补贴政策对农户粮食种植行为虽然有一定影响，但其制度激励效应比较小。郭春丽等（2009）研究认为，我国粮食生产补贴政策对农户种粮行为虽然有激励，但是其效应不大，特别是政府粮食生产补贴的数额远不足以弥补农民因农资价格上涨而增加的成本支出。蒋和平等（2009）的研究指出，我国目前粮食生产补贴效果并不能有效激励农户的种粮积极性。研究还指出，我国农田种植面积也没有因为粮食生产补贴而扩大，当前的粮食生产补贴模式对促进农民种粮积极性的提高产生的激励作用不大。沈淑霞等（2008）对吉林省的粮食生产直补与粮食产量间的关系进行了分析，结果显示粮食直补能提高粮食产量。王小龙、杨柳（2009）对我国粮食财政支持政策的产出效应进行计量分析，结果显示，多年来我国财政用于粮食补贴的支出对我国粮食产量增长的贡献十分明显，其作用超过了农业劳动力投入对粮食产量增长的影响效果，同时也发现，不同的粮食补贴方式对粮食产量增长的效应存在着较大的差异。刘俊杰（2008）利用三种主要粮食的投入产出的面板数据，经过计量分析提出，粮食直接生产补贴政策对粮食产量的增加有积极的作用，但是其影响程度比较有限。张照新等（2007）在其研究中指出，政府粮食生产补贴政策是粮食单产提高的原因，实现了我国增加粮食产量的目标。

在微观数据研究上，王姣等（2007）对一批农户进行了粮食生产调查，数据分析显示，我国良种补贴、农业机械购置补贴和减免农业税政策对农户粮食产量有促进作用。盛燕（2006）对种粮农户进行了调查，其数据分析结果指出，我国粮食直补政策积极地促进了农户的粮食生产热情，这是通过激励农户扩大粮食种植面积来实现的。

国内部分研究还聚焦农业机械购置补贴的效应研究，这些研究实证分析了农业机械购置补贴在促进粮食产量、提高农民收入以及提升农业机械化方面的影响。王姣等（2007）研究了政府农业机械购置补贴的效应，指出政府农业机械购置补贴会显著地促进农户粮食产量的提高和收入的增加。张宗毅等（2009）研究指出，在现代农业生产中，农业机械化作用非常突出。他认为，当我国农业机械化水平达到74%才能弥补我国农业劳动力转移对农业生产的消极影响，为此需要国家财政每年提供大量的农业机械购置补贴。高玉强（2010）在其研究中指出，无论是对我国粮食主产区的粮食生产，还是非粮食主产区的粮食生产，我国农业机械购置补贴均有效果。因为农业机械购置补贴政策提高了农户的购机需求，进而指出政府的农业机械购置补贴政策促进了农村的农业机械总动力拥有量不断上升，并引起资本劳动要素比例的变化。

从以上文献中我们可以看到，国内关于粮食生产补贴的研究目标具有局限性。其衡量效用的标准主要关注短期内两个目标的实现，即农民收入的提高和农业粮食产量的提高。在我国粮食生产补贴的背景下，这些文献不仅研究了农户种植粮食的热情，还尝试探索了农户对于粮食生产中的劳动力和土地生产要素的投入变化。但这些研究常常只是分析了多种粮食生产补贴情景下的短期效果，没有充分考虑粮食品种价格变化、土地经营规模变化、粮食生产劳动力价格及农资等投入要素价格上涨对粮食生产补贴政策实施效果的内在影响，没有充分考虑粮食生产补贴政策对农户粮食生产行为决策的影响，忽视粮食生产补贴政策诱发的农户生产要素投入尤其是非农劳动行为变化的影响及其对提高家庭收入的间接影响。

（二）粮食生产补贴对生产要素投入的影响研究

政府的投入品补贴通常会导致该领域生产要素的错误配置。对此，钟甫宁等（2008）研究认为，政府的粮食生产补贴会影响原有的各相关生产要素价格形成机制，因而会产生一定的再分配效应。钟春平等（2013）对经济学一般意义上的收入效应和替代效应进行了研究，其分析结果认为，政府补贴会在一定程度上改变各种投入要素的相对价格和收益水平。国内学者在粮食生产补贴对生产要素投入的影响研究方面，暂时停留在理论分析层面，较少运用计量经济学工具研究粮食生产补贴对生产要素投入的影响。

在农村劳动力转移对农业生产率影响上的研究成果却不少。如陈钊等（2008）的研究表明，农村劳动力转移引起的劳动力投入结构的变动是农业全要素生产率增长的一个组成部分，同时农业全要素生产率的增长提高了农业粮食的产量。温铁军等（2010）认为，只要农村剩余劳动力转移数量少于剩余劳动力存量，中国农业生产就仍然存在着所谓内卷化的倾向①。农民外出或在本地从事非农业活动对家庭农业生产不会产生显著的消极影响，另外，农村转移劳动力从非农业部门获得的收入通常可以用来增加农业生产性支出，有助于增加粮食的产出。徐勇等（2003）在其研究中指出，农村劳动力转移缓和了农村人口和土地的矛盾，促进了土地的流转和规模经营，增加了农民收入，有助于农业生产效率的提高。郭庆旺等（2009）研究指出，农村剩余劳动力转移使劳动者思维习惯、价值观念、生产认知能力等都发生了变化，劳动者素质得到提高，从而有助于农业生产效率的提高。朱农（2005）的研究显示，促进农村剩余劳动力向非农的转移，可引起资本、技术等生产要素进入农业领域，会提高农业劳动生产率，进而引起农业规模经营和农业生产率的提高。林毅夫等（1998）在其研究中指出，农村劳动力转移引起的资源再配置效应和产业结构改变促进了中国经济持续增长，持续的经济增长为粮食安全提供了良好的条件和保障。

三　以往研究总结及对本研究的启示

国内外学者多角度、多方位地对粮食生产补贴的意义及其影响

---

① 农业内卷化是对劳动力填充型农业模式的一种描述，是农业内部在吸纳更多劳动力投入的同时却又不至于降低人均收入水平的自我进化的过程。

效应进行了探索，结合本选题的研究，本书认为以下三个特点需要特别注意。

（一）粮食生产补贴对生产要素的投入与生产效率影响的研究愈益重要

在我国粮食生产中土地和劳动都缺乏弹性的条件下，要突破粮食生产要素的稀缺性对粮食生产发展的制约，根本在于粮食生产技术与生产效率的不断提高。近年来国内外学者越来越聚焦于粮食生产补贴对于粮食生产率影响这一领域。在这方面的研究中，生产要素的配置与投入、资本劳动要素的投入比例及其对生产效率的影响，将成为越来越多学者研究的焦点。

（二）粮食生产补贴研究视角和研究方法的多样性以及结果的价值性

农户行为经济学理论以及农业支持政策的理论研究，虽然相对比较成熟，但它仍在不断发展和创新中。在研究内容上，并不简单局限于传统经济学理论视角，而是更加深入地进行粮食生产补贴对于农户生产行为影响的经济学研究。这些研究构建了一系列的农户行为与决策理论模型，进一步分析了农户在外界的因素，如市场、经济、社会、政策等影响下的行为反应，为今后的农户行为研究奠定了雄厚的理论基础。这些研究对今后进一步探索粮食生产补贴政策对农户生产决策的影响，深入地研究农户在某些农业支持政策下的劳动投入决策行为、投资决策行为以及种植决策行为的变化有着重要的借鉴意义。

（三）国内粮食生产补贴政策的相关研究亟待进一步深入

国内关于粮食生产补贴的研究目标有局限性。这些研究比较关注短期内政策的两个目标的实现，即农民收入和粮食产量的提高。因而，大多研究只是定性分析或者计量分析粮食生产补贴政策实施前后或补贴标准变化对农户粮食生产和粮食种植收入的直接影响问题。这些研究由于常常只是分析多种粮食生产补贴情景下的短期效果，没有充分考虑粮食价格、土地经营规模、农业劳动力价格及农资等投入要素价格变化对粮食生产补贴政策实施效果的内在影响，没有充分考虑粮食生产补贴政策对农户粮食生产行为决策的影响，忽视了粮食生产补贴政策诱发的农户生产要素投入行为，尤其是对非农劳动行为变化的影响及其对提高家庭收入的间接影响。所以，国内粮食生产补贴政策的经济效应研究，还有待从更为长期的、可持续发展的研究视角入手，来深入探讨我国粮食生产补贴对于粮食生产中各类生产要素投入的影响，以及对于粮食生产效率的影响。这将为我国粮食生产补贴的政策绩效评价提供更有价值的参考。

第三节　研究方法和结构安排

一　研究方法

本研究将根据各部分的内容安排，采用恰当的研究方法进行分析，包括理论分析与实证检验相结合的方法，定性研究与定量分析相结合的研究方法，力图深入探索粮食生产补贴对农业生产要素投入与粮食生产率的影响。具体研究方法包括以下几个。

（一）文献研究法

以往的相关研究文献为本书研究提供了有益的参考，因此本书将通过文献阅读深入分析相关的理论基础、研究思路以及研究方法。并在该研究基础上，形成本书的基本研究思路和研究方法。

（二）经济数学建模以及经济计量研究法

在粮食生产补贴影响农业劳动力转移的研究中，本书采用数学模型方法。通过经济理论的分析，建立了劳动力转移的职业决策模型，分析了粮食生产补贴对农业劳动力转移的影响。在此条件下，提出该效应的经济计量模型，并采用时间序列数据等，对计量模型进行统计分析，得出了实证结论。在对粮食生产补贴影响粮食生产率的理论分析中，本书将建立农户生产的价格模型，并引用和简化柯布—道格拉斯（Cobb-Douglas）产出方程，对粮食生产全要素生产率在粮食生产补贴前后的变化进行数学建模与分析，得出初步的理论结论。在此基础上，进一步采用经济计量模型进行实证检验。总之，在全文研究过程中，经济数学建模与经济计量的研究方法的综合运用，为本书的研究提供了有力的支持。

（三）数据包络分析方法（Data Envelopment Analysis，DEA）

DEA 是根据计算单元中多项投入指标和多项产出指标进行计算的方法。它采用线性规划方法，利用各指标在生产过程中相对效率来评价具有可比性的同类型单位。这种评价方法对于评价多指标投入和多指标产出的经济活动单位，具有非常好的效果。本书采用基于 DEA 的 Malmquist 指数方法，以我国主粮生产的亩均产出和投入作为计算单元，对我国多年来粮食生产的全要素生产率进行了计算并得出近年来我国粮食生产效率，为本书解释我国粮食生产效率变化状况以及进一步探索粮食生产补贴对于粮食生产效率的影响及其影响过程提供了实证数据支撑。

（四）案例分析法

他国的先进粮食生产补贴经验，对于本书研究而言，有着重要的参考价值。为此，本书选择世界上农业政策实施的最佳实践案例之一的美国作为案例研究对象。为此，本书以美国为案例分析单元，对美国的农业补贴政策的历史与发展进行了深入的分析，并提出了对于我国粮食生产补贴政策的启示。

二　结构安排

根据以往的许多相关研究的观点，补贴会影响生产要素的价格形成机制，在一定程度上改变各种要素的相对价格和收益（Kasimis，2005；Labrianidis and Sykas，2010），并对不同生产要素的投入数量产生影响（Breustedt and Latacz，2011；Avner and Ayal，2002；钟甫宁等，2008；钟春平等，2013），从而导致生产要素投入结构的变化。同时，也有许多研究指出，粮食生产补贴会扭曲农产品市场价格，从而引起粮食生产中资源的无效率配置，导致农业的福利损失与效率损失（Chau and de Gorter，2005；Card David and Dean R. Hyslop，2005；Paroda；2000）。农业增长的过程通常也是农业生产中生产要素投入不断变化的过程。因意识到经济增长过程中资本劳动比不断提高所体现的技术进步的经济含义，德拉格兰德维尔（De La Grandville，1989）指出，人均产出的持续增长与生产中资本—劳动替代弹性密切相关。一个国家经济生产中的资本劳动替代弹性越大，则该国家的经济增长通常也会更加健康稳定。一般来说，投入产出比固定的条件下，一个国家的资本劳动替代弹性越高，这个国家就会获得更高的经济增长率。因此，在以往相关研究的启示下，本研究的主要目标有三个：

（1）识别我国粮食生产补贴政策对于粮食生产要素投入的影响；

（2）探讨我国粮食生产补贴政策对于粮食生产效率的影响及其途径；

（3）分析并提出对我国粮食生产补贴政策的建议。

需要说明的是，本书研究的粮食生产要素实际上包括了许多项，如劳动力、农业机械、化肥、农药、种子等。但是本书只对其中前两项典型要素进行粮食生产补贴对其影响效果的研究，因此，本研究还很不全面。之所以选择这两项要素进行研究，其原因有：劳动力要素是资本劳动力投入要素中的劳动力要素，应该是主要的研究对象；而资本类要素中，一方面农业机械在粮食生产成本中所占比例相对其他资本类要素大，另一方面农业机械是替代劳动力最为重要的资本类要素。此外，粮食生产补贴中专门设置了农业机械购置补贴，这有利于本书清晰地界定出粮食生产补贴对农业机械购置的影响，而且对农业机械购置影响的研究在资本类要素中有较好的代表性。因此，本书对这两个主要的生产要素进行了专门研究。而其他要素的影响情况没有在本书进行研究，也有一些原因，比如：其他要素在粮食生产总体费用所占比例不大，因要素弹性较小而导致替代性较小，与其直接相关的粮食生产补贴金额难以准确计量等。这导致研究重要性、必要性没有前两个要素大，但对其他要素的深入研究，对理解粮食生产补贴政策效应也是非常必要的，这个研究不足之处有待于以后进一步深入探索。

根据本书以上三个研究目标，研究内容分为八章，具体各章安排如下。

第一章：导论。该部分主要介绍了本书的研究背景、理论意义与现实意义。在对国内外相关粮食生产补贴政策的大量研究成果回顾的基础之上，对国内外该领域的研究内容、研究方法、研究视角等方面进行了总结与评价，并明确地提出了本书的研究目标，阐述了本书的主要研究内容、研究方法与研究过程安排，初步总结了本书研究的创新以及不足之处。

第二章：粮食生产补贴的理论分析。本章主要包括了两个部分。首先从多方位的经济理论视角分析了粮食生产补贴的必要性和有效性。其次，对粮食各种补贴方式所引起的经济效应进行了局部均衡分析。经济效应主要从粮食产量、农民收入变化和政府财政负担这三个角度入手进行分析，希望通过比较粮食生产补贴和价格支持补贴，对粮食生产补贴的经济效应进行透彻探讨。

第三章：我国粮食生产补贴制度现状及水平分析。本章首先介绍了我国粮食生产补贴政策的具体内容及其实施状况。根据本书的研究对象，重点介绍了良种补贴、粮食直接补贴、农业机械购置补贴和农业生产资料综合直接补贴。其次，本章利用 OECD（经济合作发展组织）构建的生产者支持估计（Producer Support Estimate，PSE）估计体系和 WTO（世界贸易组织）构建的支持综合总量体系评价了我国粮食生产补贴水平。

第四章：我国粮食生产要素投入状况。本部分关注我国粮食生产中几类主要生产要素，如劳动力、农业机械、化肥和种子。对粮食生产补贴实施十多年来这些生产要素在粮食生产中的数量变化状况和成本结构变化状况进行了总结和分析。在此基础上，对粮食生产中生产要素投入的资本劳动结构变化与发展状况进行了描述，对粮食生产过程中的资本劳动替代的变化趋势进行了小结。

第五章：我国粮食生产补贴对粮食生产要素投入的影响。本部分主要研究粮食生产补贴对粮食生产劳动力要素和农业机械要素投入的影响研究。在劳动力投入的影响研究方面，农业劳动力是粮食生产投入的主要生产要素。该影响研究在对以往补贴政策与劳动力转移的理论回顾基础上，利用巴克利（1990）修正的两个产业间的劳动力职业决策的转移模型，从劳动者职业决策理论的角度对我国农业劳动力向非农转移的问题进行分析，进而提出经济计量模型，并利用十多年来我国农业劳动力转移、城乡收入差距、粮食生产补贴等相关数据，对粮食生产补贴政策影响下的农业劳动力转移情况进行实证检验。在粮食生产补贴对农业机械投入影响研究方面，笔者选择了粮食生产补贴中的农业机械购置补贴项目来进行更有针对性的研究。农业机械是粮食生产投入的一个重要的资本类要素，在分析我国农业机械购置补贴状况以及我国农业机械发展的趋势后，提出本部分的研究问题。之后在相关理论回顾基础上，对农业机械购置补贴、农业劳动力转移对农业机械购置与使用效果的影响进行理论分析，并采用经济计量模型对粮食生产补贴背景下农业机械购置的影响状况进行实证检验。

第六章：粮食生产补贴对我国粮食全要素生产率的影响。本部分试图进一步深入分析粮食生产补贴政策是否影响了我国粮食生产的全要素生产率，以及它是否通过影响粮食生产中资本劳动要素的投入比例来影响全要素生产率。为此，本章第一部分采用基于数据包络方法的 Malmquist 方法（DEA-Malmquist），计算粮食生产补贴实施十多年来我国粮食全要素生产率的变化情况。在此基础上，本章进一步通过文献研究和理论分析，探讨了粮食生产补贴对于粮食全要素生产率的影响及其过程，并提出了粮食生产补贴对于粮食生产全要素生产率的消极影响，以及粮食生产投入要素中资本劳动比的中介假设，并采用相关数据进行实证检验。

第七章：美国农业补贴制度发展与经验启示。美国是当今世界上农业生产能力与竞争力最强大的国家，其中，美国自 20 世纪初以来实施的并不断调整的农业支持与补贴政策功不可没。本章对美国农业补贴发展历史、发展现状以及调整过程进行了回顾，对美国现行农业支持与补贴政策进行了分析，并提出了美国农业补贴政策对我国粮食生产补贴政策的启示。

第八章：对我国粮食生产补贴政策的建议。在前文研究的基础上，本章对全书的研究结论进行了系统归纳与总结，并结合我国粮食生产发展状况以及粮食生产补贴政策的实施现状和美国农业支持与补贴政策的成功经验，提出了进一步完善我国粮食生产补贴政策的建议。

三　研究概念界定

粮食生产补贴：是国家对于农业支持与保护政策体系中的主要政策工具，指为了支持粮食生产，政府财政对粮食生产环节进行的转移支付。从其实施来说，我国的粮食生产补贴政策是从 2004 年起开始正式实施的，主要包括了四个方面：粮食直接补贴、良种补贴、农业机械购置补贴和农资综合直接补贴。本书中的粮食生产补贴数据是指以上四项补贴的合计数据。

农业机械购置补贴：属于国家粮食生产补贴中的一项主要内容，是指将中央财政预算内的农业机械购置补贴专项资金按一定比例和要求用于补助"直接从事农业生产的个人和农业生产经营组织"购买"在中华人民共和国境内生产的产品，已获得部级或省级有效推广鉴定证书"的农业机械的一种财政支持手段。从 2004 年正式开始实施以来，我国中央财政农业机械购置补贴资金从 2004 年的 0.7 亿元开始一路攀升至 2014 年的 237 亿元人民币,[①] 本书中的农业机械购置补贴即该补贴项目的单独金额。

粮食生产投入要素：经典的生产函数理论一般都是选择劳动与资本这两种投入要素来描述生产过程。在本书研究中，粮食生产投入的劳动力要素就是粮食生产的劳动用工。资本投入要素主要包括机械、化肥、种子、农药等。由于国家近些年来严格执行土地保护政策，我国粮食生产的土地面积变化很小，所以土地要素没在本书中进行讨论。在全要素生产率计算中，本书是针对亩产粮食的投入产出进行计算，也不需要考虑土地要素的影响。

资本劳动比：是指粮食生产中投入的资本类生产要素与劳动力要素在数量上的比值，以反映粮食生产中资本类要素和劳动力要素历年来在投入数量上的状况，从而衡量生产要素结构的变化。其中，资本类要素主要有：机械投入程度、化肥、种子、农药等；劳动力要素为劳动用工。

资本劳动比的计算：考虑不同要素价格多年来变动差异大，并缺乏各要素历年来准确的价格指数，因此，资本劳动比的计算是采用亩均投入要素的数据。以 2004 年的各要素成本费用为基本费用，用各年度要素投入数量乘以 2004 年各要素的基年价格来计算要素投入所占比例的变化。资本劳动比即为历年资本要素（机械投入程度、化肥、种子、农药）总体的投入费用除以劳动用工的投入费

---

① 《农业部、财政部有关负责人就 2015—2017 年农业机械购置补贴政策实施答记者问》，农业部新闻办公室，2015 年 2 月 16 日，http：//www.agri.gov.cn/V20/ZX/nyyw/201502/t20150216_4412567.htm。

用。（资料主要来源于《全国农产品成本收益资料汇编》[①]）

第四节　创新点与不足之处

一　创新点

与现有研究国内粮食生产补贴已有成果比较，本研究的创新之处包括以下四点。

（1）在研究视角上，本书关注农业粮食生产补贴对于生产过程中的生产要素以及粮食生产效率变化的影响。这项研究相对以往国内的类似研究来说，更进一步地探索了粮食生产补贴政策如何对粮食生产过程发生具体作用。这项研究对于我们理解我国粮食生产补贴具体如何影响粮食生产过程有着重要的理论与政策参考价值。

（2）在研究方法上，综合运用定性、定量的研究方法，围绕本书研究主题进行深入探索。采用描述性统计方法对我国历年粮食生产补贴、粮食生产要素投入变化的现状和趋势进行统计分析，对生产要素结构的变化状况进行研究。采用文献研究的方法，对粮食生产补贴的经济效应进行研究。采用经济数学建模方法，研究农业劳动力转移的职业决策问题，以及粮食生产补贴对于全要素生产率的影响，并采用经济计量方法进一步对相关的系列理论问题进行实证检验。

---

① 国家发展和改革委员会价格司主编：《全国农产品成本收益资料汇编》（2002—2014），中国统计出版社 2002—2014 年版。

（3）在研究内容上，创新性地针对我国主要粮食的全要素生产率进行了计算和理论分析，得出了一些有意义的结论。在以往对于粮食全要素生产率的国内研究中，研究者一般都是采用宏观的投入产出数据进行计算与分析，分析对象也是整体的农业，包括农、林、牧、副、渔，因此分析的结果很笼统。而且由于宏观农业数据缺乏时效性、针对性，再加上数据选择和处理的困难，国内针对我国粮食生产效率的研究较为缺乏。如宏观上对于粮食生产劳动力的投入，只笼统地采用农业从业人员数量来表示，实际上，这些人员还包括兼职农民；对于机械投入数量的计算，也忽略了大量农业机械的故障以及利用率问题；等等。而本书在我国粮食生产效率这一研究领域，做出了一个有价值的尝试。本书采用来自《全国农产品成本与收益资料汇编》的主要粮食平均每亩投入和产出的客观、明确的数据，采用 DEA-Malmquist 方法对我国主粮生产的全要素生产率进行了计算，得出了有意义的研究结论。

（4）在研究内容上，本研究不仅创新性地探索了粮食生产补贴对于我国粮食生产要素投入变动、粮食生产效率的影响，并且还更为深入地进行了理论分析。采用时间序列数据实证检验了粮食生产补贴对于粮食生产的资本劳动比的影响，以及资本劳动比在粮食生产补贴影响粮食全要素生产率过程中所起的中介作用，即说明了粮食生产补贴影响粮食全要素生产率的作用途径。这些研究，为今后的政策实施与理论研究提供了有价值的参考。

二　不足之处

本书试图从粮食生产补贴对粮食生产要素投入及其对生产效率的影响进行研究，但是由于水平所限，再加上时间、资源和精力的限制，还有许多不足之处。

（1）粮食生产要素包括多项，有劳动力、农业机械、化肥、农药、种子等，但是本书只对其中前两项进行了粮食生产补贴影响效果研究。因此，本书研究还很不全面。之所以做出如此选择，主要原因是，劳动力要素是生产要素中主要的研究对象。而资本类要素中，农业机械一方面在粮食生产中所占成本相对其他资本类要素大，另一方面农业机械是替代劳动力的最为重要的资本类要素，再加上粮食生产补贴中专门设置了农业机械购置补贴为本书提供了数据基础。因此，本书选择这两个主要生产要素进行研究。而其他要素没有作为本书的研究对象，这主要是出于费用比例偏小、直接相关粮食生产补贴缺位带来影响数据难以计量等原因。实际上，对其他要素的深入研究也可以帮助我们理解粮食生产补贴的政策效应，这点不足有待于以后进一步深入研究。

（2）粮食生产补贴对生产要素技术进步的影响实际上也是应该考虑的一个重要经济效应。从经济学角度来看，补贴最为直接的影响就是改变该市场中各相关投入要素的价格、成本与收益预期，从而影响生产中的各类要素的技术进步、效率与投入数量，进而影响该产业的生产效率。而本研究只是考虑补贴生产要素在数量和结构上的变化，缺乏对生产要素中所蕴含的技术进步的考虑。

（3）在粮食生产全要素生产率计算中，本书没能做到对相关要素进行完全准确的计量。一些投入产出要素随着时间的推进，其要素内部所蕴含的行业技术进步因素没有被考虑进去。比如，在粮食生产投入中劳动用工这一要素，就没有考虑到农村劳动力知识水平（人力资本）对该要素的质量提升问题；对粮食种子投入数量的运用就没有考虑到良种技术的不断进步；其他还有化肥技术、耕地污染、农药技术等的变化。

（4）在粮食生产补贴影响农业机械购置与使用的研究中，缺乏进一步针对不同的农业机械购置群体在粮食生产补贴条件下，对于农业机械购置与补贴的不同影响效应的研究。

因此，本书的研究虽然在一定的程度上做出了有益的理论探索和实践参考，但还有待后续不断深入探究。

第二章

粮食生产补贴的理论分析

我国粮食生产补贴政策到现在已经实施了十多年，就其政策实施周期来说仍然属于新生事物，在我国对该领域的研究相对国外来说还属于起步阶段。由于粮食生产对国民经济的重要性以及粮食生产的弱质性，早在 20 世纪初许多西方国家就已经开始实施农业支持政策，并不断进行调整。与此同时，国内外关于粮食生产补贴政策的研究成果也非常丰富，这些研究对于我们深入地理解粮食生产补贴政策的来龙去脉及其影响效应，对于政府审视、检讨、调整并修改完善原有的粮食生产补贴政策，有着重要的参考意义。为此，本部分内容将回顾国内外粮食生产补贴政策的相关理论，并做进一步的总结。

第一节　对粮食生产进行补贴的理论依据

为什么各国把粮食生产补贴放到如此重要的地位？为什么要对粮食生产进行财政补贴？本部分主要从粮食生产的准公共产品属性、粮价波动和外部性等理论角度，来阐述粮食生产补贴对农业发展与国民经济健康发展的必要性。

一 粮食生产的准公共产品属性

依据公共产品理论，粮食属于私人产品，因此可以说粮食消费市场是一个竞争性市场。但从粮食生产角度来看，其生产却具有自然属性，具备准公共产品的特点。

公共产品理论认为，社会产品按照其在消费过程中受益范围的不同，可以分成公共产品、私人产品和准公共产品三类。它们的判断标准是，在消费过程中该商品是否具有或部分具有非排他性和非竞争性。非排他性是指在技术上较难实现排斥他人对此产品的消费。非竞争性是指一个人对该产品的消费不会影响其他人对此产品的消费，即受益对象不存在利益冲突。完全具备这两个特征的产品为公共产品，同时不具备这两个特征的是私人产品。私人产品通过出价竞争可以实现对他人消费的排斥，因此私人产品完全可以由市场来提供。而公共产品无法通过市场来实现有效率的供给，因为理性的消费者不愿意购买此类商品，而是期待他人购买，自己坐享其成，即会产生搭便车心理。因此市场上公共产品将出现严重缺位。即便有人愿意提供，其数量必定也是不足的，根本无法满足社会经济发展对公共产品的需求。所以，为了弥补公共产品供给不足这一市场缺陷，政府必须出资提供公共产品，来实现经济发展的需要。准公共产品具有不充分的非排他性和非竞争性，属于私人产品和公共产品之间的一种产品。若完全靠市场来提供准公共产品，准公共产品的数量必定不足，极易造成社会资源配置效率的损失。因此，准公共产品一般应采用由市场与政府相结合的供给方式。

粮食生产的准公共产品属性主要表现在两个方面。一方面，粮食安全是一个国家安全、社会稳定的前提，也是保证一个国家经济独立的基本条件。因此，粮食生产具备了保障国家粮食安全的公共属性。另一方面，粮食生产是一个国家其他经济部门发展的基础和前提。粮食生产为其他经济部门提供了劳动力生存和发展的物质条件，还为这些经济部门提供剩余产品来保证这些经济部门的发展壮大。

粮食生产条件也让农业具备了准公共产品属性。粮食生产所必要的生产条件具备公共产品属性或准公共产品属性。粮食生产需要良好的自然环境、健全的公共基础设施和公共服务，这些生产条件和设施一般都归属于公共产品或准公共产品的范畴。实现这些生产条件不可能完全依赖市场调节，只能依靠政府以财政支持或投入的形式来引导或带动其他渠道资金的参与来实现。

二　粮食生产的市场风险

粮食生产除了面临自然风险，还要面临较大的市场风险。粮食市场风险主要包括收入风险和价格均衡风险，这些风险都是通过粮食价格波动而引发的。粮食市场风险比一般商品要大。

（一）收入风险方面

众所周知，粮食是生存的必需品。无论价格如何变化，每个人对粮食的需求都是一定的。粮食需求的变动主要来自人口的变动，一定时期内粮食消费数量处于相对稳定状态，因此粮食需求价格弹性偏小，小于1。当粮食供过于求时，价格下降带来销售量增加不能弥补价格下降带来的损失，因此总收益表现为减少。如图 2-1 所示，曲线 D 为粮食需求曲线，粮食需求价格弹性偏小，表现为需求曲线较为陡峭。当价格为 P_2 时，收益总额为四边形 P_2AQ_2O，而当粮食价格下降至 P_1 时，收益总额为四边形 P_1BQ_1O。价格下降幅度超过了需求量增加的幅度，导致总受益减少，农民利益受损。

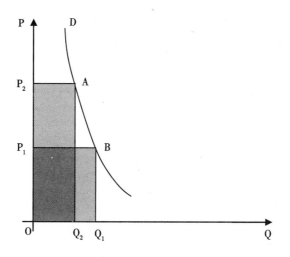

图 2-1　粮食需求价格弹性对收入造成的影响

　　随着时间的推移，人口增长，出口增加，粮食需求会增加，但由于是必需品，粮食需求曲线的右移程度是有限的。而在粮食供给方面，由于受到自然资源的约束和生产周期性的影响，短期内对粮食生产进行调整的难度也较大，再加上农业自然风险比一般部门要大，因此粮食的供给弹性也表现为偏小，其供给线表现为较为陡峭的曲线。但受到技术进步的影响，粮食生产率的增长要比其他大多数行业快，因此粮食生产率的提高会较大幅度增加粮食的供给。所以，随着技术进步，在粮食需求曲线和供给曲线同步移动的情况下，供给曲线的移动幅度会大于需求曲线的幅度。因此，粮食市场新的均衡情况如图 2-2 所示。

　　粮食需求曲线 D_1 和供给曲线 S_1 在 E_1 相交，成为粮食市场的均衡点。随着粮食需求量和供给量的增加，需求曲线和供给曲线分别移至 D_2、S_2，E_2 成为新的均衡点。在新的均衡点下，粮食价格下降，由于粮食需求价格弹性和供给价格弹性都较小，农业收入下降。这

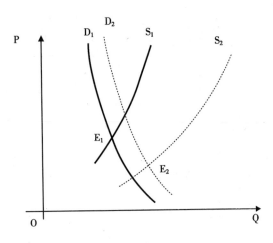

图 2-2 粮食需求曲线和供给曲线新均衡

就是随着农业生产率的提高或者粮食大丰收时，粮食增产不能增收的困境，即粮食收入风险的表现。

（二）在价格均衡风险方面

粮食价格均衡风险主要产生于粮食价格的季节性变化和粮食生产周期。粮食生产季节性导致了粮食价格的季节性变化。粮食收获季节，当季粮食集中上市，价格低；而其他季节由于供应量不足，导致价格上升。随着季节的变化，粮食价格呈现季节性变化。一般地，这种变化具有规律性，周而复始，不会导致粮食价格的剧烈变动。但是，粮食生产者往往根据上一年的粮食价格来决定当期的生产，这种决策并没有当年的粮食价格走势可依。考虑到粮食生产周期较长，自然风险相对较大，当新的粮食上市时市场价格可能已经发生很大的变化，下期的生产决策和粮食供给势必又会受到影响。粮食价格不稳定现象会形成西方经济学所说的"发散式蛛网状"。如图 2-3 所示。如前面所述，粮食需求弹性小，短期内其供给弹性也偏小，但是粮食需求弹性小于供给弹性。S 代表粮食供给曲线，D

代表其需求曲线，E 为粮食市场均衡点，在此点上实现了供给与需求的均衡。如果第一年生产者获得丰收，供给量增至 Q_1，在该水平上消费者愿以 P_1 支付，P_1 小于之前的均衡价格 P_E。第二年农业生产者以 P_1 为标准，供应粮食 Q_2。Q_2 小于 Q_1，消费者愿为此支付 P_2 的价格，P_2 作为新的均衡价格大于之前的均衡价格 P_1。在第三个生产周期里，农业生产者愿意提供的粮食将达到 Q_3，新的均衡价格为 P_3，再次小于均衡价格 P_E。如此循环周转下去，粮食价格和产量的波动势必越来越强，最终离价格与产量的均衡水平越来越远。粮食价格波动频繁，振幅较大，作为分散的农业生产者很难掌握供求信息。这种信息的严重不对称导致农业生产者不得不承担收入极度不稳定的风险。

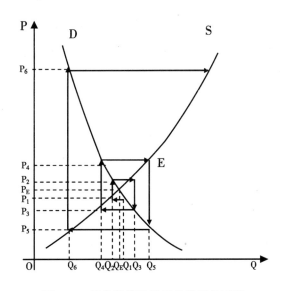

图 2-3　粮食价格波动呈发散型蛛网状

三　粮食生产的外部性

外部效应理论认为，当一种活动的成本或效益外溢到其他人处，且这些其他人并没有因为这种外溢的成本或效益而得到补偿或支付补偿的时候，外部经济效应便发生了。外部经济效应包括正外部效应和负外部效应，前者产生外溢效益并没得到补偿，后者产生外溢成本却没支付。若无管制，市场经济将产生太多的负外部效应活动，而正外部效应活动却又大量缺失。但政府可以通过行政干预，如法律责任、设定排放标准、补贴等方式，将外部效应内部化，以确保相关单位或个人承担负外部效应的责任和得到正外部效应的补偿。

粮食生产具有正的外部效应，也有负的外部效应。不仅如此，它还是很多其他非农产业负外部效应的承受体。粮食生产的正外部效应包括生态环境价值、生活价值和经济价值等。生态环境价值包括对国土和生活环境的保护，如水资源的涵养和土壤的保护，防洪，净化水质和空气质量，提供自然景观等。生活价值包括提供社会交流和有利于身心健康的休闲空间等。经济价值在于维护社会稳定以及国民经济各部门均衡发展等。粮食生产的负外部效应主要表现在粮食生产过程中对环境造成的污染，如化肥和农药的使用、过度使用地下水、森林砍伐等。粮食生产的正外部性产生的效益无法通过市场来转化粮食生产者的收益，需要政府通过补偿方式来实现外部性效益内部化于粮食生产者，也需要政府采取措施减少负外部性。

通过粮食生产的公共产品属性、粮食生产的市场风险和粮食生产的外部性这三个理论角度的分析，我们可以得出政府对粮食生产进行保护是必要的。但为什么要通过补贴的方式对粮食生产进行保护呢？

四　粮食生产补贴的有效性：战略性贸易政策理论

20 世纪 70 年代以来，国家间贸易增长迅速，摩擦日益增多，新的贸易保护主义开始盛行。理论界开始进行以不完全竞争和规模经济为基础的国际贸易新理论的研究。其中的战略性贸易政策理论是代表性研究成果。该理论最初从 20 世纪 80 年代初期由加拿大大不列颠哥伦比亚大学教授詹姆斯·邦德（James Brander）和美国波士顿学院芭芭拉·斯宾塞（Barbara Spencer）教授最早提出，经过保罗·克鲁格曼（P. Krugman）和海普曼（E. Helpman）的进一步研究和发展，最终形成了比较完善的不完全竞争基础上的战略贸易政策理论体系。

战略贸易政策理论主张，在"不完全竞争"市场中，政府应积极地运用补贴或出口鼓励等措施，对那些被认为存在规模经济、外部经济或大量"租"的产业予以扶持，扩大本国农产品的国际市场份额，以增加本国经济福利和提高其产品的国际竞争优势。[1] 詹姆斯·邦德和芭芭拉斯·宾塞阐述了出口补贴的战略意义。他们认为，为了谋求本国福利最大化，补贴是实现这一目标的有效手段，但鉴于世界贸易组织对出口补贴的限制，建议政府通过其他形式的补贴降低本国厂商的边际成本，以实现规模经济基础之上的超额利润，以获得更大的国际市场份额。这种采用补贴鼓励国内厂商采用进取性市场战略迫使外国竞争对手做出相应让步的战略贸易政策理论是最能支持补贴的经济学理论。

---

[1] 靳黎民：《财政补贴与反哺农业：我国农业补贴方式转变的思考》，中国财政经济出版社 2007 年版，第 31—32 页。

通过以上粮食生产的市场风险、粮食生产及其生产条件的准公共产品属性、粮食生产的外部性方面的分析，我们从理论上阐明了政府支持粮食生产的必要性。一般来说，农业财政投入性支持主要弥补由于粮食生产的准公共产品属性和粮食生产的外部性导致的粮食市场失灵领域，农业财政补贴式支持主要用于防范农业的自然风险和市场风险，以稳定农民收入，保护农民的切身利益，促进农业发展。

第二节　粮食生产补贴效应的局部均衡分析

粮食生产补贴是政府为了防范粮食市场风险和自然风险而实施的干预措施。根据以上分析，农产品的市场风险主要表现在农产品价格蛛网式变化，导致生产供给或者过度扩张，或者过度收缩。粮价不稳定不利于资源再分配。粮食补贴可以防止粮价过度波动，从而增加种粮农民对未来生产的信心。常见的粮食补贴方式有价格支持、收入补贴和生产补贴。虽然本书的粮食生产补贴政策主要涉及收入补贴和生产补贴这两种方式，但为了对粮食生产补贴的经济效应有深入的认识，本部分将价格支持这一补贴形式也纳入研究范围内，希望通过比较粮食生产补贴和价格支持，将粮食生产补贴的经济效应探讨透彻。本部分按粮食产量、农民增收和政府负担这三个角度对这三种补贴方式进行局部均衡分析。

由于粮食市场的生产者和消费者数量较多，任何人所占的市场份额都没有大到能够影响粮价的地步，每个人都只是价格的接受者，而且粮食作为必需品，其差异性不大，所以为了便于进行局部均衡分析，我们假设如下条件：

（1）粮食市场是完全竞争市场；

（2）种粮农民完全理性，且信息对称；

（3）粮食价格除了受产量影响，不受其他因素影响；

（4）政策执行成本暂不考虑；

（5）资本是指粮食生产中化肥、种子、农业机械等生产资料的投入。

一　价格支持

价格支持政策主要有两种形式，一种是最低价格支持，另一种是目标价格支持。在最低价格支持下，当粮食的市场价格低于政府规定的最低价格时，政府将按最低价格来收购农民手中的粮食。这是一种试图通过行政手段来稳定农产品价格使其不降低到一定的价格水平之下。在目标价格支持下，政府设定一个目标价格，并按照该目标价格与粮食的实际平均价格之间的差额来补贴农民。目标价格实际上是一种亏损补贴，是由政府来承担粮价低于目标价格而给农民造成的亏损的一种补贴。这种补贴方式的经济学分析可以参考挂钩式收入补贴方式的经济学分析。因为这两种补贴方式有一个共同点，即补贴水平与实际生产紧密挂钩，两者具有共性。

粮食是生活必需品，因此其需求价格弹性较小，表现为一条陡峭的需求曲线。如图 2-4 所示。粮食的需求曲线和供给曲线在 E 相交，即当价格为 P_0 和产量为 Q_0 时实现粮食市场均衡。如果政府规定的最低收购价为 $P_{min}>P_0$，则政府将按照 P_{min} 收购农民生产的所有无法实现交易的粮食。在价格水平为 P_{min} 时，农民愿意生产的粮食产

量为 Q_2，而在该价格水平下消费者愿意购买的粮食量为 Q_1。在该价格支持政策下，粮食产量增加了 Q_2-Q_0，农民收入增加了 $P_{min} \times Q_2-P_0 \times Q_0$，而政府支出额为 $(Q_2-Q_1) \times P_{min}$。若用效用理论分析，补贴前后生产者剩余增加了 $a+b+c$，消费者剩余减少了 $a+b$。由于粮食的需求价格弹性较小，所以消费者福利损失有限。可见，价格支持政策可以使农民收入增加，粮食产量增加，政府负担与供给价格弹性成正比，供给价格弹性越大，政府负担越重。

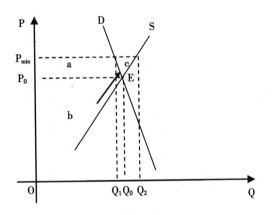

图 2-4　价格支持的经济效应局部均衡分析

二　收入补贴

农业收入补贴包括脱钩式收入补贴和挂钩式收入补贴。挂钩式收入补贴政策是指每个农业生产者所获得的补贴额度要和粮食的类型、产量或面积等因素挂钩。以挂钩式收入补贴政策为例，如图 2-5，粮食市场在 E 点实现均衡，此时价格为 P_0，产量为 Q_0。如果政府进行补贴后，农民增加产量至 Q_2，则消费者愿意支付的价格为 P_1。但是农民之所以会生产 Q_2 粮食，从供给曲线上，农民获得政府补贴后的收益和定价为 P_2 时的收益相当，所以补贴后农民的收益可

以视同按照 P_2 的价格来进行生产安排所获得的收益。因此，我们通过比较挂钩式收入补贴前后的市场，可以得出，产量增加了 Q_2-Q_0，农民收入增加 $Q_2 \times P_2 - Q_0 \times P_0$，政府支出负担为 $Q_2 \times (P_2-P_0)$。若用效用理论分析，补贴前后生产者剩余增加了 $a+b+c$，消费者增加了 $d+e+f$。可见，挂钩式收入补贴政策可以使农民收入增加，粮食产量增加，消费者福利也增加，但政府负担与供给价格弹性成正比，供给价格弹性越大，政府负担越重。因此这种补贴方式下政府给农民以资金激励是有条件的。农业生产者必须达到相关要求后才能享有补贴。

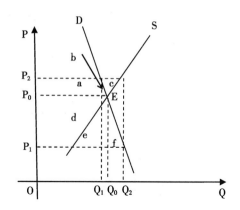

图 2-5　挂钩式收入补贴政策局部均衡分析

　　脱钩式收入补贴是指补贴的额度不与农民当前和今后的粮食生产数量、面积或种类挂钩的补贴方式。脱钩式收入补贴由政府直接支付给农民，但具体用途由农民自己决定，实际上就是农民收入的一部分。此补贴方式对粮食市场的产量影响，将由农民是否将此直接补贴资金用于粮食生产来决定。

　　如果农业生产者将所有资金用于非农生产，则在粮食生产决策上，农民将自主根据预期粮食市场价格来决定种植的面积和种类。

在市场机制作用下，粮食在 E 点实现了均衡，此时的价格和产量分别为 P_0 和 Q_0。粮食产量不变，政府支出负担就是农民收入增加的部分，消费者福利无受损，如图 2-6 所示。因此在脱钩收入支持政策下，农民收入增加等于政府直接补贴部分，粮食产出不变，消费者福利不变，政府财政负担增加，全社会福利无损失，该补贴政策对经济的扭曲程度最小。

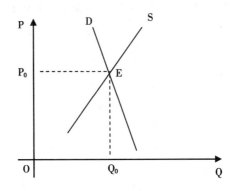

图 2-6　脱钩式收入补贴下补贴资金用于非生产领域的局部均衡分析

如果农业生产者将所有资金用于粮食生产，即假设农业生产者是理性经济人，那么他会将所获得的所有收入补贴用于粮食生产。影响粮食产量的因素除了不可抗力的自然因素，还有人为控制的因素，如土地、资本、技术、劳动等。在这些因素中，土地和技术在短期内不会有很大的变化，故假定二者为不变因素。所以，粮食产量是资本和劳动的函数，可定义为 $Q = f(L, K)$，其中 L 为劳动投入，K 为资本投入。假设 L 和 K 的价格，即 P_L 和 P_K 不变，补贴前投入总量为 C_1，则等成本线可以表示为 $P_L L + P_K K = C_1$，如图 2-7 所示。补贴后农业生产者增加投入量，则投入成本总量为 $C_1 + \triangle C = C_2$，等成本线表现为向右平移 $\triangle C$，至如图 2-7 中的 C_2。Q_1、Q_2 为两条等产量线，其中 $Q_2 > Q_1$。等产量线表示的是要素价格既定的情况下产量相同的不同要素组合轨迹，即在等产量线上每个点的产量都是一样的。由于替代规律的存在，等产量曲线是一条凸显原点的曲线。它们分别与 C_1、C_2 相切于 E_1、E_2。E_1、E_2 分别代表了两个产量 Q_1、Q_2 最优的两个生产组合。从图 2-7 中，我们可以看出，补贴之后粮食产量增加了。粮食产量增加后粮食市场新的价格均衡将出现，在其他条件不变的情况下新的均衡价格水平将下降，农民收入将增加，而政府负担处于相对稳定状态。

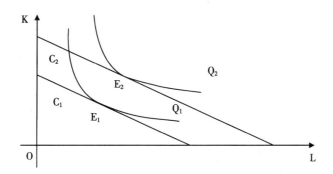

图 2-7 脱钩式收入补贴全部用于粮食生产的局部均衡分析

三 生产补贴

生产补贴政策是指政府对农业生产者在生产环节给予的补贴，通过该补贴，来实现降低农产品生产成本的目标。该项政策包括对粮食的良种补贴和农业机械购置补贴等。粮食产量函数如上所述，即 $Q=f$（L，K）。以当前我国的良种补贴为例，假设单位良种补贴为 S，则补贴之后资本的价格对粮食生产者而言由原来的 P_K 减少为 P_K-S，因此在种粮农民总投入 C 不变的前提下，等成本曲线由原来的 C_1 变成 C_2。C_1、C_2 的各自方程式如下：

$$P_K \times K + P_L \times L = C_1，即 K = C_1 / P_K - P_L \times L / P_K \quad （2.1）$$

$(P_K-S)×K+P_L×L=C_2$，即 $K= C_2/(P_K-S)-P_L×L/(P_K-S)$

$$(2.2)$$

根据等成本线 C_1、C_2 与等产量线相交、相切的情况（如图 2-8 所示），我们可以比较补贴前最佳生产组合 E_1 和补贴后最佳生产 E_2 的粮食产量情况。通过比较，我们发现生产补贴之后粮食产量增加。由于产量增加，市场新的均衡价格在其他条件不变的情况下将会下降，消费者剩余将增加。生产者收入增加的同时，政府负担必将随着粮食供给价格弹性的增大而加重。

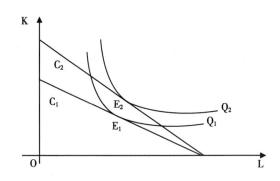

图 2-8　生产补贴后最优生产组合分析

通过对以上三种粮食补贴方式进行的经济学局部均衡分析，我们发现，对粮食市场扭曲程度（包括价格和产量）由弱到强的补贴方式依次为脱钩式收入补贴、挂钩式收入补贴和生产补贴、价格补贴，其中收入补贴和生产补贴对粮食市场的影响是间接的，其对粮食市场的影响最终取决于这些补贴对粮食生产的投入和使用效率。在农民收入变化方面，除了脱钩式收入补贴对农民收入的影响相对稳定外，其他补贴方式下农民收入的增减则不确定，农民收益由两个部分组成，一部分来自粮食市场交易所形成的收益，另一部分来自政府补贴收益。当农业生产者接受补贴后扩大粮食产量，市场收益部分将缩小，而政府补贴收益将扩大，只有政府补贴数额大于市场收益受损部分，农民收入才表现为增加。因此，在补贴促进粮食产量增加的情况下，促进的产量越多，农民收入增减越由政府补贴大小来决定，造成政府财政补贴支出负担越重。

第三章

我国粮食生产补贴制度
现状及水平分析

目前，我国初步建立了以价格支持为基础，以直接补贴为主体和各类其他专项补贴相结合的粮食补贴政策框架体系。具体来说，价格支持是指最低收购价政策和临时收储政策，直接补贴包括粮食直接补贴、良种补贴、农资综合直接补贴、农业机械购置补贴等。本书研究的粮食生产补贴是指这四项直接补贴。

作为世界贸易组织成员方，我国粮食生产补贴制度将受到世界贸易组织农业协议的影响。从我国每年的一号文件中我们可以看出，中央政府在提高农民收入、增强农业竞争力、推动种粮积极性、农村产业结构优化上不断努力。从2004年起我国各项粮食生产补贴的范围、对象和面积都在逐年扩大，补贴程度不断增强，为社会主义新农村建设打下了坚实的基础。

本部分将从微观和宏观两个视角来介绍我国粮食生产补贴制度的现状。微观角度侧重按项目分门别类地介绍当前我国粮食生产补贴制度的特点。为了保证对我国粮食生产补贴制度评价的客观性和可比性，本部分还选择从宏观角度对农业补贴的总规模水平和结构状况，以及WTO规则下我国农业补贴的情况，来考察我国现阶段的粮食生产补贴水平。

第一节　我国粮食生产补贴制度现状

当前，我国农业补贴体系中最主要的项目是围绕着粮食生产的四项直接补贴，即粮食直接补贴、农资综合直接补贴、良种补贴、农业机械购置补贴。根据本书第一章对研究对象的界定，本部分将按设立的时间顺序分别介绍我国粮食生产补贴中的良种补贴、粮食直接补贴、农业机械购置补贴、农资综合直接补贴，并侧重介绍这四项主要粮食生产补贴的起始时间、目标、对象、范围、依据、发放程序、资金来源、补贴监管以及补贴水平等。

一　良种补贴

良种补贴是指国家旨在鼓励农民选用优质的农作物品种而给予种粮农民的补贴。在国家努力提高农民收入和增强农民创收能力的背景下，中央财政专门设立了良种补贴专项资金。从2002年开始推行至今，良种补贴对象逐年增多、补贴范围逐步过大、补贴规模不断增大、补贴发放方式逐渐健全、补贴资金管理日趋规范。根据农业部公布的数据，2014年我国良种补贴达214.45亿元。[①]

（一）良种补贴推行目的及演变历史

良种补贴旨在推动农民积极使用优质的农作物种子，逐步提高良种的覆盖率，增加主要农产品特别是粮食的产量，提高农产品的

[①]《财政部拨付2014年农作物良种补贴资金214.45亿元》，http://www.gov.cn/xinwen/2014-09/19/content_ 2753025.htm。

品质，尽早实现良种区域化和规模化种植，达到农产品生产标准化管理和产业化经营的目标。

21世纪初，我国国内油脂加工产业迅猛发展，国内大豆生产量满足不了油脂加工业对大豆的需求，因此我国从1996年开始从原来的大豆出口国转变为进口国。2001年我国大豆进口量达到了1400万吨，进口大豆占国内油脂加工原料的比例上升到70%以上。[①] 大量大豆进口导致国内大豆价格猛跌，严重打击了农民种植大豆的积极性。此外，农民收入增长速度从1997年开始放缓，增收非常困难。《中共中央、国务院关于做好2001年农业和农村工作的意见》指出，当前突出的问题是农民增收困难，并提出把农民增收工作放在整个经济工作的突出位置。在这样的政策背景下，考虑到大豆对东北地区农民的特殊意义和大豆对我国经济发展的可持续性影响，我国实施了多项政策来抑制对进口大豆的依赖。2002年农业部推行的"高油高产大豆振兴计划"就是其中之一。这个计划旨在通过推广优良品种，配套高产技术，振兴国内大豆产业。因此我国的良种补贴最早从大豆开始。

2002年开始，良种补贴率先从辽宁、吉林、黑龙江、内蒙古四省（自治区）建立的1000万亩高油高产大豆生产基地开始。2003年继续在东北三省及内蒙古自治区的113个县（市、旗、农场）推广2000万亩的高油大豆基地。当年，还把良种补贴品种扩大到1000万亩的优质专用小麦上，小麦良种补贴主要面向河北、山东、河南、安徽、江苏、黑龙江六省的47个县（市、农场），补贴标准

---

① 《我国大豆进出口贸易情况历史与现状》，http://business.sohu.com/56/59/article201995956.html。

为每亩 10 元。2004 年大豆良种补贴达到了 3000 万亩，小麦良种补贴为 2000 万亩，玉米良种补贴为 1000 万亩，[①] 并开始在安徽、湖北、湖南、江西四省对所有早籼稻、中晚籼稻、粳稻推行了良种补贴。2005 年国家继续实行良种推广补贴项目，提高种粮效益。良种补贴重点安排在 13 个粮食主产区和非主产省的主产区域。不仅扩大了小麦的良种面积，还开始有重点、有差异地补贴良种品种，比如小麦重点补贴优质强筋和弱筋品种，玉米重点补助青贮玉米，大豆重点补贴高油品种。在"十一五"期间，我国又新增了天然橡胶、棉花、油菜、马铃薯、花生以及青稞等品种的良种补贴。

（二）我国良种补贴制度现状

本部分将从补贴地区、品种、对象、标准、发放形式、发放程序、资金来源、资金管理等方面全方位介绍我国良种补贴制度现状。

2014 年我国农作物良种补贴政策覆盖了全国的水稻、小麦、玉米、棉花，并涵盖了东北和内蒙古的大豆，长江流域 10 个省（市）（江苏、浙江、安徽、江西、湖北、湖南、重庆、四川、贵州、云南）和河南信阳、陕西汉中和安康地区的冬油菜，四川、云南、西藏、甘肃和青海等省（自治区）的藏区青稞，[②] 并在部分地区新增经济作物良种补贴，如在内蒙古、甘肃、河北和山东省（自治区）等开展对马铃薯和花生的良种补贴试点。

在补贴对象和补贴标准方面，我国良种补贴发放给在生产中使

---

① 《农作物良种补贴》，http：//nys.mof.gov.cn/zhengfuxinxi/czznyxncjsdt/200807/t20080730_59660.html。

② 《2014 国家深化农村改革，促进农民增收等政策措施》，http：//www.gov.cn/xinwen/2014-04/25/content_ 2666455. htm。

用农作物良种的农民（含农场职工）。只有在良种推广补贴项目区范围内，并愿意购买政府推荐的优良品种的农户才能享受良种推广补贴。补贴标准方面，良种的补贴标准因农作物不同而有所不同。地域间补贴标准也有差异。对小麦、玉米、大豆、油菜、青稞每亩补贴10元。其中，新疆地区的小麦良种补贴每亩15元；水稻、棉花每亩补贴15元；马铃薯一、二级种薯每亩补贴100元；花生良种繁育每亩补贴50元、大田生产每亩补贴10元。① 补贴面积由村委会登记、核实、公示无异议后上报县农业、财政部门，再依次逐级上报省农业厅、省财政厅。

我国良种补贴有现金直接补贴和差价供种补贴两种发放方式。现金直接补贴指直接将现金补贴给使用良种的农民。农民购买良种遵循自愿原则，同时接受良种品种的公开推荐和介绍。农民根据实际落实的种植面积来领受良种补贴。我国水稻、玉米、油菜良种补贴采取现金直接补贴的方式，由乡镇财政所直接向实际使用良种的农民通过"一卡通"直接兑付补贴资金。在差价供种补贴方式下，由省级农业、财政部门组织招标，实行中标单位统一供种。购种农民按折扣价买种，供种单位进行登记，并在销售折扣清册中记录。我国良种补贴制度规定，严禁省级以下农业或财政部门组织招标。省级财政部门先按招标确定的供种量预拨70%的补贴资金，再根据农业部门逐级审核确定的供种清册和无种子质量问题书面意见，最后与供种单位结算其余30%的补贴资金。② 我国小麦、大豆、棉花

---

① 《2014国家深化农村改革，促进农民增收等政策措施》，http：//www.gov.cn/xinwen/2014-04/25/content_ 2666455. htm。

② 《农业部办公厅、财政部办公厅关于印发〈2010年中央财政农作物良种补贴项目实施指导意见〉的通知》，农办财［2010］23号。

既可采取现金直接补贴，也可采用差价购种补贴方式。具体采用的补贴发放方式由各省（区、市）按照简单便民的原则自行确定。

补贴发放程序如图3-1所示。

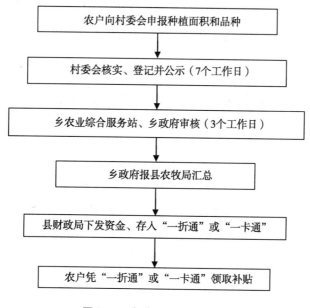

图3-1 良种补贴发放程序

在良种补贴资金来源方面，我国农作物良种补贴资金来自中央财政专项补贴资金（可参见中央财政补助下级财政专项资金公开目录），属于上级财政下达的转移支付资金，并实行预拨制，补贴资金根据当年实际种植面积于下年度进行结算。

在良种补贴资金管理方面，我国财政部、农业部于2009年印发了《中央财政农作物良种补贴资金管理办法》的通知（财农〔2009〕440号）。该文件明确规定了我国良种补贴资金的管理办法。该文件明确了分工，尤其是明确了财政部门和农业部门的分工和协作。其中财政部门主要负责落实良种补贴资金预算，并协同农业部门制定补贴资金分配方案，同时还要对补贴资金使用管理情况进行监督检查。农业部门负责良种补贴政策的具体组织、管理工作，编制实施方案。建立监督电话，依法惩治。各级农业部门和财政部门设立并向公众公布良种补贴政策监督电话，接受查证举报事项，这些举报事项包括虚报良种补贴面积、挤占、套取、挪用补贴资金。并依照《财政违法行为处罚处分条例》（国务院令第 427 号）等有关法律法规给予处理、处罚和处分。

二　粮食直接补贴

为了确保粮食安全，促进农民增收，政府根据粮食直接补贴制度而给予种粮农民一种政策性直接补贴。2014 年，我国粮食直接补贴制度已经覆盖了全国所有地区。2014 年 1 月份，中央财政已向各省（区、市）预拨 2014 年种粮直接补贴资金 151 亿元。

（一）粮食直接补贴推行目的及演变历史

由于我国粮食直接补贴制度是在深化改革粮食流通体制的基础之上建立起来的，该制度的目标是保障农民直接收益，确保国家粮食安全，促进农民收入增加，保证种粮的积极性。只是将原来通过流通环节的间接补贴改为对种粮农民的直接补贴。

改革前我国一直按保护价敞开收购粮食，粮食补贴仅受益于国有粮食企业，这种补贴方式导致种粮农民直接受益少，粮食生产效率低下。2000 年年底财政部会同有关部门开始对粮食直接补贴政策进行探索。2002 年选取了吉林省东丰县、安徽省天长和来安县这两省三县作为试点，正式拉开了我国粮食生产补贴方式改革的序幕。随后江西、湖南、湖北等省先后进行了改革试点。2003 年河南省在洛阳、安阳、三门峡、商丘、信阳 5 个市进行改革试点。安徽省从2003 年 6 月 1 日将试点范围扩大到全省。

2004 年中央一号文件《中共中央国务院关于促进农民增加收入若干政策的意见》（中发〔2004〕1 号）正式提出建立对农民的粮食直接补贴制度。2004 年 5 月 23 日国务院出台了《国务院关于进一步深化粮食流通体制改革的意见》（国发〔2004〕17 号），对粮食直接补贴的数量、标准、补贴办法、资金来源、组织落实等方面进行了全面的规定，保证了粮食直接补贴制度在我国顺利开展。2004 年经过各地各部门的认真贯彻落实，粮食直接补贴制度保护和调动了农民积极性，粮食生产也出现了转机，农民收入实现了较快地提高。虽然农村各项事业都取得了不小的进展，但是农业仍然是我国经济发展中的薄弱环节，粮食增产、农民增收的长效机制依旧没有建立起来，保持农村良好发展的态势难度较大。2005 年，我国粮食直接补贴制度在执行了一年后在操作方式、执行上出现了一些问题和矛盾，直接影响了粮食直接补贴制度的效果。因此，2005 年 2 月 3 日，财政部、国家发展和改革委员会、农业部、国家粮食局和中国农业发展银行印发了《关于进一步完善对种粮农民直接补贴政策的意见》，在直补机制、资金保证、资金管理、责任人等内容上进行了完善。从 2006—2010 年、2012—2014 年这 8 年的中央一号文件都明确提出了坚持粮食直接补贴并进一步加大粮食直接补贴力度的目标。

（二）我国粮食直接补贴制度现状

本部分将从补贴区域、补贴品种、补贴标准、补贴发放形式、补贴资金来源、管理、发放程序等方面全方位介绍我国粮食直接补贴制度现状。

在补贴地区和粮食品种上，国家在制定粮食直接补贴政策时也希望能覆盖到全国，让全国农民都能够从中受益，但考虑国家的财力，无法面向所有农民进行普惠。因此，我国在粮食直接补贴制度实施范围上遵循"中央重点向粮食主产区倾斜，省一级重点向粮食主产县倾斜"的原则。按照玉米、小麦和稻谷三大主粮分类，我国粮食主产区分为玉米主产区、小麦主产区和稻谷主产区。当前，玉米主产区有吉林、黑龙江、内蒙古、辽宁4个省（自治区）。小麦主产区有山东、河南、河北、黑龙江和新疆5个省（自治区）。江苏、安徽、江西、湖南、湖北、四川、黑龙江和吉林8个省是我国稻谷主产区。所以，我国粮食主产区总体包括13个省（自治区）。我国粮食主产省（自治区）必须在全省（自治区）范围内实行粮食直接补贴，其他省（自治区、直辖市）对本地区的主产县（市）范围内的种粮农民进行直接补贴，具体实施范围由各省级人民政府根据本省情况自行决定。这些规定主要是由于我国各省、自治区、直辖市的自然禀赋存在差异，因而各地的基础粮食作物也会有所不同，具体到某个省、自治区、直辖市执行的粮食直接补贴时粮食品种会有些差异。如上海、江西、江苏、湖南等省（直辖市）就只对种植水稻的农民进行补贴。其中，辽宁省粮食直接补贴的品种最多，主要对水稻、小麦、玉米、高粱和小杂粮进行直接补贴。

在补贴方式方面，我国粮食直接补贴方式有明确的规定。补贴方式主要按照农业税计税面积补贴，或按照计税常产补贴，或按照实际种植面积进行补贴。少数地区还会采用按照交售的商品粮食数量作为补贴依据，如新疆、福建。具体补贴方式由各省（自治区、直辖市）根据自身的实际情况自行决定。

在补贴标准上，不同补贴方式的补贴标准不同。根据以上所述我国的粮食直接补贴的方式，我国粮食生产补贴标准主要有两种。第一种依据粮食单位种植面积来补，即每亩补贴多少元。如2013年宁夏的种粮农民每亩可获 15 元粮食直接补贴。2012 年安徽省按原计税面积、计税常产，每亩给种粮农民补贴最低不少于 10 元。山西省每亩直接补贴 10 元。第二种补贴标准依据粮食产量或者粮食出售量来进行补贴，即每公斤补贴多少元。采用此类补贴标准的省份较少，如新疆每公斤粮食直接补贴 0.2 元。

在补贴资金来源方面，我国粮食直接补贴资金来自现行包干的粮食风险基金。我国粮食风险基金成立于 1994 年，该笔基金主要用于两个方面：一个方面用于国有粮油储备企业储备粮食的利息、费用开支；另一个方面的用途是国有粮食购销企业因平抑粮食市场价格而吞吐粮食的各项成本费用。随着我国粮食流通体制市场化改革的顺利推行，粮食风险基金将不再用于以上两个方面。财政部发布了《实行对种粮农民直接补贴，调整粮食风险基金使用范围的实施意见》（财建［2004］75 号），明确了粮食风险基金的新用途，对种粮农民的直接补贴成为其第一用途。2004 年粮食主产省、自治区在种粮直接补贴方面从风险基金中支出了 100 亿元。同时要求每个地方政府的种粮直接补贴资金达到本省、自治区粮食风险基金的40%。2007 年一号文件再次明确要求各地提高粮食直补资金占粮食风险基金的比例，达到了 50%。粮食风险基金建立之初，该资金由中央政府和地方政府共同负担，负担比例为 1∶1.5，不足的部分，再按 1∶1 负担。由于各地财力不同，各地粮食风险基金水平也各不相同，从而带来各地农民的补贴数额差异较大。尤其是粮食主产区无法保证足够的配套风险基金。因此，2009 年中央一号文件明确提出"逐步取消主产区粮食风险基金配套"的改革目标。这一改革目标将分三年实现，即 2009—2011 年，取消粮食主产区粮食风险基金地方配套的计划。2011 年，我国取消主产区粮食风险基金配套的计划全面实现。目前，全国 13 个主产区粮食风险基金由中央财政负担。2013 年粮食风险基金中央补助款项为 315 亿元，再加上非主产区的地方配套资金 67 亿元，我国粮食风险基金总规模为 382 亿元。

在加强资金监管方面，我国不仅完善了补贴信息系统，而且还加强了粮食直接补贴工作经费监管。在补贴信息系统建设方面，2006 年起，财政部在全国建立了农户种粮补贴及相关信息统计制度，实现了种粮补贴的网络化管理。在加强粮食直接补贴工作经费管理方面，"十一五"期间，财政部发布了《对种粮农民直接补贴工作经费管理办法》（财建［2008］892 号）和《关于进一步完善〈对种粮农民直接补贴工作经费管理办法〉的通知》（财建［2009］801 号），文件对粮食直接补贴工作的经费来源、用途、拨付、监管、报送等都进行了详细明确的规定。该办法指出，中央补助的工作经费和地方财政预算安排的工作经费都应纳入粮食风险基金监督管理，并且要求各地及时准确进行工作经费的月报和年报。不仅如此，我国还建立了对各省（自治区、直辖市）的各项考核考评体系，如种粮补贴的组织情况、农民补贴网络信息系统建设状况、补贴资金兑付、补贴数据报告等。考评按照不同类别分别进行，考评的重点在数据汇报是否及时、是否准确以及补贴资金的落实情况。全国通报考评结果，该成绩将和中央财政补助的工作经费直接挂钩，奖罚分明。这些举措保证了我国粮食直接补贴资金及时、准确发放到位。

粮食直接补贴资金管理要求实施专户管理。财政部门将粮食直接补贴与基金中的其他开支项目分开，粮食直接补贴资金单独核算需求量，并单独拨付。省、市、县（市）级财政部门在同级农业发展银行开设粮食风险基金专户，直接补贴资金在此专户下进行单独核算。如果县以下没有农业发展银行，可在农村信用社等金融机构开设粮食直接补贴资金专户。粮食直接补贴资金使用要做到专户管理、封闭运行。

补贴发放要求按照公平、公正、公开的原则。每个农户的补贴面积、补贴粮食数量、标准和金额要张榜公示，接受农民的监督。任何部门和单位不得截留、挤占、挪用，要足额、及时、准确地将补贴资金发放到位。补贴发放程序见图3-2。

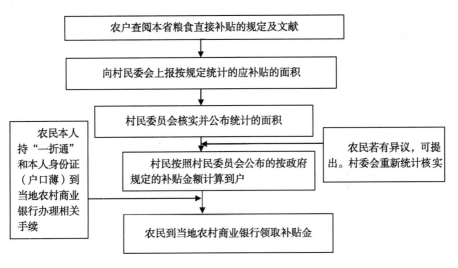

图3-2 我国粮食直接补贴发放程序

三 农业机械购置补贴

在农业机械购置补贴下，为了"支持农民个人和直接从事农业生产的农业机械服务组织"购买"在中华人民共和国境内生产的""已获得部级或省级有效推广鉴定证书"的农业机械，政府在中央财政预算内设置农业机械购置补贴专项资金，并按一定比例和要求来补助这些机械购买者。

（一）农业机械购置补贴推行目的及演变历史

我国的农业机械购置补贴始于 1998 年。推行该补贴的目的是鼓励和支持农民使用先进的农业机械设备从事农业生产，以加快我国农业机械化的进程。

2004 年一号文件中首次提出"要提高农业机械化水平，对农民个人、农场职工、农机专业户和直接从事农业生产的农机服务组织购置和更新大型农机具给予一定补贴"。随着我国 2004 年 11 月《中华人民共和国农业机械化促进法》正式实施，2005 年财政部、农业部正式施行《农业机械购置补贴专项资金使用管理暂行办法》（财农 ［2005］ 11 号）和《2005 年农业机械购置补贴专项实施方案》。这些文件明确了该补贴的指导思想、目标、任务和操作程序。我国近几年都会根据农业发展和农业机械使用的实际情况发布当年的农业机械购置补贴实施指导意见。2009 年 8 月，农业部发布《农机作业补贴试点方案》，开始围绕着提升关键环节农业机械作业水平进行试点。该试点在粮食主产区选点，补贴分别针对深松整地、秸秆机械化还田、机械化插秧等作业进行。10 月，国务院常务会议决定"实施土壤有机质提升和农业机械深松作业补贴"。我国农机具补贴正在深入地、有针对性地朝高水平、高规模的作业机型发展。2015 年 1 月农业部办公厅、财政部办公厅联合印发了《2015—2017 年农业机械购置补贴实施指导意见》，对过去工作的经验和创新试点工作进行了总结，并将成功做法积极在全国范围内推广。我国中央财政农业机械购置补贴资金从 2004 年的 0.7 亿元一路攀升至 2014 年的 237.5 亿元。

（二）我国农业机械购置补贴制度现状

本部分将从补贴区域、品种、对象、补贴标准、发放形式、发放程序、补贴资金来源以及监督管理等方面全方位介绍我国农业机械购置补贴制度现状。

在补贴区域和品种方面，2012 年农业机械购置补贴范围已经扩大到全国所有农牧业县（场）。从 2015 年开始，参加农业机械购置补贴的农业机械必须是在中华人民共和国境内生产，并已获得部级或省级有效推广鉴定证书的产品。已经明确取消补贴资格的或不符合生产许可证管理、强制性认证管理的农业机械不得享受补贴。2014 年全国 21 个省份对农业生产急需的农业机械相关品目进行敞开补贴。如江苏对 50 个品目全部敞开补贴，补贴资金由省财政兜底；吉林省将补贴范围压缩到 35 个品目，将粮食生产全程机械化所需的机具均纳入重点补贴对象。根据《2015—2017 年农业机械购置补贴实施指导意见》，我国中央财政资金补贴机具范围由原来的 175 个品目压缩到 137 个品目，取消自选品目，部分地方特色农业发展所需和小区域适用性强的机械设备，可由地方各级财政安排资金补贴。通过缩小补贴品目和地方财政参与来确保中央财政资金最优利用，以及保证适应公共需求和体现国家战略目标的机具品目得到补贴。当前，深松机、免耕播种机、水稻插秧机、机动喷雾喷粉机等粮食生产关键环节急需的部分或全部机具品目是重点补贴对象。每隔一段时间农业部就会根据全国农业发展和国家产业政策的需要来确定补贴机具的种类或范围。

农业机械购置补贴对象为直接从事农业生产的个人和农业生产经营组织。个人不仅包括农牧渔民、农场（林场）职工，还包括直接从事农业生产的其他居民。农业生产经营组织主要指农民合作社、家庭农场，以及直接从事农业生产的农业企业等。补贴政策向农业专业合作组织、农业机械大户等倾斜。农业机械购置补贴实行定额补贴，同一种类、同一档次农业机械在省域内享有统一的补贴标准。省外企业生产的同类产品不允许区别对待。通用类农业机械产品补贴额由农业部统一规定。非通用类农业机械产品补贴额则由各省（自治区、直辖市）及兵团、农垦自行确定。中央财政资金一般按不超过农机具上年平均销售价格30%的标准进行农业机械购置补贴，单机补贴不超过5万。部分机型可以补贴更高金额。

2014年农业部、财政部全面推行"自主购机、带机申请、定额补贴、县级结算、直补到户"的农业机械购置补贴申请方式。同时遵循先到先补，用完为止的基本原则。在补贴资金不足的情况下，优先保证重点机具的补贴。县财政部门至少一个月进行一次资金兑付。具体发放程序如图3-3所示。

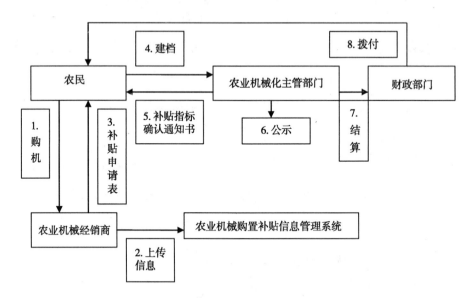

图3-3 我国农业机械购置补贴发放程序

资金来源方面，按照《农业部关于加强农业财政专项资金管理的通知》（农财发〔2006〕16号）相关规定，中央财政设立农业机械购置补贴专项资金，由财政部和农业部共同完成补贴的发放。财政部门负责落实、拨付、监督、管理以及检查补贴资金。农业机械管理部门负责具体补贴组织实施工作，具体有编制补贴的实施方案、确定补贴机具的目录和购机程序等工作。地方财政资金也可参与到农业机械购置补贴中，具体补贴额度由地方自行确定。每年的农业机械购置补贴资金规模会根据实际情况做相应的变化。如果耕地播种面积、主要农作物产量、农村人口数量、农业机械化发展重点等发生了变化，财政部和农业部将考虑这些变化的因素，科学确定各省（自治区、直辖市及兵团、农垦）资金的规模。各县（场）的补贴规模由各省（自治区、直辖市及兵团、农垦）农业机械化主管部门和同级财政部门来确定。补贴资金重点补助粮棉油作物种植大县、畜牧水产养殖大县等地区。

补贴监督管理主要包括对补贴目录制定、保障农民购机自主权、补贴机具价格等方面、资金使用情况、农机具质量、纪律执行、投诉处理等方面的监督。各项监督工作都应本着公平、公正和公开原则开展。

四　农业生产资料综合直接补贴

农业生产资料综合直接补贴（以下简称农资综合补贴）是确保种粮农民种粮积极性和增加种粮收入，而根据化肥、柴油等农资预计全年价格变动对农民种粮的可能影响，对种粮农民所实施的一项直接补贴制度，以弥补种粮农民因农资成本上涨而受到的种粮损失。种粮农业生产资料主要有化肥、柴油、农业机械、种子、农药、农膜等。种子和农业机械已经安排了专门补贴。其他的农资，如农药和农膜占的比例小，品种多，差价大，价格和用量都难检测。而化肥和柴油有所不同，不仅在农资成本中占的比例大，约

70%的农资增支是由化肥和柴油增支导致的，而且我国对化肥和柴油的价格和用量都能检测到，因此我国测量农资增支和确定补贴规模以化肥和柴油为依据。该制度从2006年正式开始实施。2014年年初，中央政府拨付了农资综合补贴1071亿元。

（一）农资综合补贴推行目的及演变历史

我国农资综合补贴制度以多产粮、多调粮、产好粮，促进粮食增产和农民增收为目标。

我国"十五"期末，国际市场石油价格波动较大，农业生产资料价格增长快速，种粮成本也随之上涨，最终带来种粮农民收益明显下降。为了保护广大农民的利益，经国务院批准，财政积极创新粮食生产补贴机制。2006年，中央财政在原有粮食直接补贴的基础之上新增补贴资金120亿元，开始实施农资综合补贴。

2007年经国务院批准，财政部出台《关于做好2007年对种粮农民农资综合直补的通知》，规范了我国农资综合补贴制度的原则、管理、拨付和落实。2007年新增156亿元农资综合补贴资金。新增资金向粮食主产区倾斜，兼顾向粮食增产快、商品量大、优质稻谷产量多的地区倾斜。该文件还进一步调整和完善了2007年农资综合补贴政策的目标，政策重点鼓励多产粮、多调粮、产好粮。2008年经国务院批准，财政部出台《关于做好2008年对种粮农民农资综合补贴工作的通知》，新增206亿元农资综合补贴资金。该文件还进一步明确了新增农资综合补贴的分配原则、补贴资金的拨付和管理以及落实。2009年中央发布了《进一步完善农资综合补贴动态调整机制的实施意见》。该文件提出了"价补统筹、动态调整、只增不减"的农资综合补贴动态调整机制。2012年财政部发布《关于开展粮食直补和农资综合补贴自查整改工作的通知》（财建明电

［2012］1 号）。该文件就农资综合补贴资金的监督管理工作做了进一步加强，确保杜绝有关违规违纪行为。

（二）我国农资综合补贴制度现状

本部分将从补贴地区、品种、对象、规模、资金来源、发放形式、发放程序、监督管理等方面全方位介绍我国农资综合补贴制度。由于我国农资综合补贴是在粮食直接补贴基础之上建立起来的，所以农资综合补贴制度在补贴地区、品种、对象和发放程序上和粮食直接补贴制度基本保持一致。具体可参考我国粮食直接补贴制度的介绍。

我国农资综合补贴规模要考虑基期规模和增量规模。在基期农资综合补贴规模方面，初始的基期农资综合补贴规模水平以 2008 年农资价格水平为基础。将来若农资价格上涨，全国粮食平均每亩使用化肥、柴油支出高于初始基期水平，则以该年为新的基期年。基期滚动调整。若农资价格下跌，带来农民种粮农资支出减少，为了不影响农民利益，上年补贴规模自动作为次年的存量补贴。补贴增量只在当年农资价格水平比基期价格水平高的情况下方才考虑。动态调整机制要求补贴增量资金与农资涨价引起的种粮增支实行联动。因此，如果当年农资价格较基期上涨较大，农民种粮农资增支较多，动态联动要求中央财政相应多安排增量补贴资金。全国种粮化肥增支总额按照每亩化肥增支额和粮食播种面积来进行测算。每亩化肥增支额数据可以参考国家发展和改革委员会（以下简称国家发改委）农产品成本收益的调查数据。种粮柴油增支总额可以根据全国种粮柴油使用总量、成品油价格调价情况和时间来进行确定。每亩种粮柴油增支额则还需结合全国粮食播种面积来测定。若当年农资价格水平较基期没有上涨或略涨，农民种粮农资成本不增或少量增，中央财政则只按基期农资综合补贴水平拨付农资综合补贴资金，而不安排或少安排增量补贴资金。

在补贴资金来源方面，中央财政预算安排农资综合补贴资金。地方政府也可结合本地的实际，在此基础之上再适度增加农资综合补贴预算。农资综合补贴资金在省际间的分配一般按照"存量不变，增量倾斜"的原则。即存量资金分配原则上在省际间稳定不变。而增量资金分配，原则上向粮食主产省（自治区）倾斜。在确定增量资金分配时，中央政府需要考虑各省（自治区、直辖市）粮食播种面积、产量、商品量等因素在省际间的分布，并适当考虑地区农资价格差异等因素。各省级人民政府按照粮食省长负责制要求，制定切实可行的具体实施方案。

农资综合补贴工作由财政部、国家发改委、农业部三部委共同合作完成。财政部门牵头并负责补贴资金的安排。国家发改委负责农资价格水平、粮食成本收益调查等工作，农业部负责化肥、柴油用量及粮食播种面积等有关数据的监测。三部门研究提出年度农资综合补贴安排意见，报国务院批准后实施。

为了确保补贴资金准确、及时、足额地兑付到种粮农民手中，我国农资综合补贴资金实行专户管理、财务公开、村级公示、档案管理、"一折通"发放等制度，力求杜绝截留、挤占、挪用补贴资金现象。

农资综合补贴规模和分配方案一般于每年年底确认，农民可在第二年春耕前将补贴拿到手。具体发放程序如图 3-4 所示。

以上是对我国四种主要粮食生产补贴的介绍。根据 OECD 的

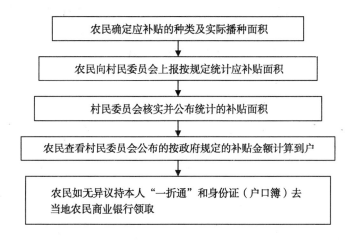

图 3-4　我国农资综合补贴发放程序

PSE（生产者支持估计）分类标准①，本书研究的农业机械购置补贴属于投入品使用补贴，粮食直接补贴、农资综合补贴、良种补贴都属于与产量挂钩的、基于现期种植面积的补贴。这四种补贴项目归纳如下（见表 3-1）。

表 3-1　　　　　　　　　　我国粮食生产补贴制度

补贴项目	补贴目标	资金来源	补贴范围	补贴方式及标准	起始时间
良种补贴	稳定粮食生产；促进农民增收	中央财政专项资金	良种推广区的指定良种	现金直接补贴方式差价供种补贴方式	2002
粮食直接补贴		中央财政粮食风险资金非主产区配套资金	中央重点向粮食主产区倾斜，省一级重点向粮食主产县倾斜	现金直接补贴方式	2004
农业机械购置补贴		中央财政专项资金地方财政资金	全国范围符合条件的农业机械	现金直接补贴方式	2004
农资综合补贴		中央财政预算资金地方财政资金	中央重点向粮食主产区倾斜，省一级重点向粮食主产县倾斜	现金直接补贴方式	2006

部分资料来源：《关于深入推行基层财政专项支出预算公开的意见》，财预〔2011〕27 号。

---

①　生产者支持估计是 OECD 多年来用于评估和监测其成员国农业政策改革效果的方法，用于测算实施农业支持政策后农业生产者从消费者和纳税人获得的补贴总额。具体可分为价格支持和直接补贴两个部分。

第二节 我国粮食生产补贴水平分析

一 我国粮食生产补贴规模和结构

自 2004 年我国正式开始实施粮食直补、良种补贴、农业机械购置补贴，以及 2006 年开始实施农资综合补贴后，我国粮食生产补贴增长速度较快。具体规模和结构见表 3-2。

表 3-2　　　　　　　　我国粮食生产补贴结构情况　　　　　　　单位：亿元

年份	粮食直接补贴	农资综合补贴	良种补贴	农业机械购置补贴
2002	0.00	0.00	1.00	0.00
2003	0.00	0.00	3.00	0.00
2004	116.00	0.00	28.50	0.70
2005	132.00	0.00	37.52	3.00
2006	142.00	120.00	41.54	6.00
2007	151.00	276.00	66.60	20.00
2008	151.00	638.00	123.40	40.00
2009	190.00	756.00	198.50	130.00
2010	151.00	835.00	204.00	154.90
2011	151.00	860.00	220.00	175.00
2012	151.00	1078.00	220.00	215.00
2013	151.00	1071.00	199.00	217.50
2014	151.00	1071.00	214.45	237.50
合计数	1637.00	6705.00	1557.51	1199.60
比例（%）	14.75	60.41	14.03	10.81

资料来源：根据财政部网站相关资料和 2003—2015 年《中国农业发展报告》整理。[1]

---

[1] 中华人民共和国农业部编：《中国农业发展报告》（2013—2015），中国农业出版社 2013—2015 年版。

从表3-2，我们看出，我国粮食直接补贴规模近几年一直保持相对稳定的状态。2013—2014年农资综合补贴水平的稳定不变，说明我国化肥和柴油这两种农资的每亩支出并没有增长，因此，国家没有另外安排增量补贴。其他两项粮食生产补贴都保持了一定的比例增长。纵观这十年的粮食生产补贴水平，粮食直接补贴占到总补贴的14.75%，农资综合补贴占60.41%，良种补贴占14.03%，农业机械购置补贴占10.81%。从中我们发现，农资综合补贴是我国粮食生产补贴的重头，而农业机械购置补贴占总补贴分量相对最小，但其补贴增长速度不容小觑。其他两项补贴保持在14%左右。

二　我国粮食生产补贴水平的评价

由于粮食生产补贴是我国农业补贴的最重要内容，为了和其他国家农业补贴水平具有可比性，本部分的粮食生产补贴水平评价将从更为宏观的角度来评价，即农业补贴角度来评价。

国内外研究者采用了很多方法来评估一国农业政策对农业的支持水平，如Bela Balassa的名义保护率（Nominal Rate of Protection，NRP），Corden的有效保护率（Effective Rate Protection，ERP），WTO（世界贸易组织）引申出用来判断一国"黄箱"政策支持量是否符合要求的支持综合总量（Aggregate Measure of Support，AMS）、OECD（经济合作与发展组织）构建的由生产者支持估计、消费者支持估计（Consumer Support Estimate，CSE）等组成的综合评价指标体系。但目前应用最广泛的是OECD的综合评价指标体系，它能较有效地评估和检测各国农业政策改革的效果。本部分将按OECD构建的PSE估计和WTO的支持综合总量要求来分别评价我国农业补贴水平。

（一）按 OECD 构建的 PSE 体系评价我国粮食生产补贴水平

在 OECD 的综合评价指标体系中，农业政策被分为三种类型，即对农业生产者支持措施、对消费者支持措施和对农业一般服务的支持措施。这三种措施分别用生产者支持估计（PSE）、消费者支持估计（CSE）和一般服务支持估计（GSSE）指标测度农业政策的支持水平。一国农业补贴支持水平可以利用 PSE 来进行测量。

PSE 用来测量实施农业支持政策后农业生产者从消费者和纳税人转移的补贴总额，也可称之为"农业生产者补贴"。它包括两个方面内容：一方面是价格支持，即通过价格干预措施向农民和农产品提供补贴支持，一般由政府和消费者负担补贴成本，如我国的最低收购价政策、临时收储政策等。另一方面是直接补贴，即按一定标准和条件直接补贴农民，一般由政府来负担全部补贴支出。该直接补贴又可以分成两个部分：一部分是和农产品产量、农资等投入品使用、种植面积、动物数量、经营收入等挂钩的直接补贴；另一部分是不和上述内容挂钩，即直接脱钩补贴。我国农资综合补贴、良种补贴和农业机械购置补贴都属于与相关指标挂钩的直接补贴。我国相关的脱钩农业补贴政策有粮食直接补贴、农村扶贫项目中涉及的直接转移支付、退耕还林补贴、退牧还草补贴等。PSE 是一个绝对额的概念，它可以大致反映一国出台的系列农业保护政策对农业生产者的补贴程度。通过朱满德、程国强（2011）测算，2010年我国 PSE 总体情况如表 3-3，其中价格支持占 58%，挂钩补贴占 33%，脱钩补贴占 9%。也就是说我国四大粮食生产补贴额约占我国总体农业支持量的 33%。

表 3-3 　　　　　　　　　　我国农业 PSE 水平 　　　　　　　　单位：亿元

年份	2004	2006	2007	2008	2009	2010
PSE	2329	3910	4102	2029	7487	9239

资料来源：朱满德、程国强《中国农业政策：支持水平、补贴效应与结构特征》，《管理世界》2011 年第 7 期。

生产者支持估计比例（PSE 比例）可以作为衡量农业生产者补贴水平的相对指标。

$$PSE 比例 = PSE/GFR \times 100 = PSE/（Q \times P_p + PP）\times 100\%$$

$$(3.1)$$

其中，PSE 代表生产者支持估计，GFR（Gross Farm Revenue）表示农业总收入，它可以表示成农产品产值（以生产者价格 P_p 测算）加上对生产者的财政预算支持（PP，即 PSE 减去价格支持）。这个指标主要反映农业总收入中归属于农业支持政策所起到作用的相对比例。该比例越高，说明一国农业支持政策起到的作用越大。通过表 3-4，我国可以看出，我国 PSE 比例正在逐年升高，2010 年达到了 16.1%。但和其他国家相比，我国 PSE 比例仍然偏低。欧盟成员国 2009 年 PSE 比例为 23.53%，日本为 47.8%，韩国为 51.72%[①]。这些国家对农业支持水平都远高于我国。

表 3-4 　　　　　　　　　　我国农业 PSE 比例 　　　　　　　　单位：%

年份	2004	2006	2007	2008	2009	2010
PSE 比例	7.3	11	9.4	3.9	13.9	16.1

资料来源：朱满德、程国强《中国农业政策：支持水平、补贴效应与结构特征》，《管理世界》2011 年第 7 期。

---

① 资料来源：http://stats.oecd.org/。

（二）按 WTO 构建的支持综合总量体系评价我国粮食生产补贴水平

为了深入理解 WTO 规则对我国农业补贴水平所造成的影响，把握我国粮食生产补贴制度在农产品国际贸易体系中的基本情况，这里将所有涉及农业支持的补贴政策纳入讨论范围。

2001 年年底，我国正式加入世界贸易组织（WTO）。在 WTO 框架下，有 5 部约束我国农业补贴的国际法律法规，它们是乌拉圭回合《农业协定》[①]、WTO 的《补贴和反补贴协定》、1994 年关贸总协定、《实施卫生与动植物卫生检疫措施协议》和《技术性贸易壁垒协议》。其中，乌拉圭回合中签署的《农业协定》是规范世界贸易组织成员农业生产和经营的主要法律文件。我国农业补贴制度主要受这五部文件的约束。这些协定通过对各谈判方在市场准入、国内支持和出口补贴方面做出削减和承诺，来实现一个公正的、以市场导向为目标的农产品贸易体系。在市场准入方面，我国主要承担农产品关税逐步减让的承诺。在出口补贴方面，由于我国一直没有对农产品实行出口补贴，所以我国不需承诺对任何出口补贴的削减，该相关规定也就无法对我国产生制约。真正对我国农业补贴造成约束的法律法规是乌拉圭回合谈判中签署的《农业协定》，我国要承担作为世界贸易组织成员该履行的国内支持削减和承诺部分。国内支持部分可以分为可豁免的支持措施，如绿箱和蓝箱；承担削减承诺的支持措施，如黄箱。

（1）我国绿箱政策执行情况

绿箱政策属于《农业协定》中的可豁免的支持措施，由于对生

---

① 1986 年 9 月在乌拉圭举行了关贸总协定部长级会议，决定进行一场旨在全面改革多边贸易体制的新一轮谈判，故称乌拉圭回合谈判。其中签署的《农业协议》是谈判的主要成果。

产和贸易不产生扭曲效应或效应非常微弱，因此不要求各成员国做出削减和约束承诺。《农业协定》列出了归属绿箱政策的农业措施应满足的两个基本条件，即所涉支持应通过公共基金供资的政府计划提供（包括放弃的政府税收），而不涉及来自消费者的转让；且所涉支持不得具有对生产者提供价格支持的作用。另外，列举了符合两个标准的12种属于可豁免的支持措施，如一般政府服务、用于粮食安全目的的公共储备、国内粮食援助、不挂钩的收入支持、收入保险和收入安全网计划中政府的资金投入、自然灾害救济、通过生产者退休计划提供的结构调整援助、通过资源停用计划提供的结构调整援助、通过投资原则提供的结构调整援助、环境计划下的支付、地区援助计划下的支付、其他对生产者的直接支付。

1996—1998年，我国对农业支持的绿箱政策里仅实行了上述12种绿箱政策中的7种，还有5种农业支持措施尚未实施，如不挂钩的收入补贴、收入保险和收入安全网计划中政府的资金投入、通过生产者退休计划提供的结构调整援助、通过资源休耕计划提供的结构调整援助以及通过投资援助提供的结构调整援助。加入世界贸易组织后我国积极实行绿箱政策，2008年开始试点建立农业风险防范机制。其他空白的政策在"十一五"期间逐渐实施起来。本书研究对象之一的粮食直补在我国部分地区属于绿箱补贴。因为在这些地区粮食直补直接发放给粮食生产者，不与产量、销售量或面积挂钩，粮食生产者不是通过流通环节间接受益的，其对粮食生产和贸易不产生扭曲效应。

（2）我国黄箱政策执行情况

黄箱政策属于《农业协定》中的承担削减承诺的支持措施，它是指对农产品的生产和贸易产生扭曲作用的政策措施，要求各成员国必须承担约束与削减义务。《农业协定》规定的黄箱政策主要有价格支持，营销贷款，按农产品种植面积实施的补贴，牲畜数量补贴，种子、肥料、灌溉等投入补贴，某些有补贴的贷款计划，其他无免除直接支付或任务不在免除削减承诺之列的补贴。《农业协定》要求各成员国用支持综合总量来衡量各国国内支持农业的水平，并以此作为削减国内支持的主要依据。

我国稻米和小麦的最低收购价格政策、良种补贴、农业机械购置补贴、农资综合补贴，以及部分农业金融贷款属于黄箱政策。我国承诺相关支持不能超过相关年度基本农产品生产总值或中国农业生产总值的 8.5%。2013 年我国农林牧渔业总产值达 96995.3 亿元。① 因此，2013 年我国黄箱政策的资金上限为 8244.6 亿元。据测算，我国 2013 年农业补贴近 2000 亿元，② 2000 亿元的估计数里还有很多项目属于绿箱政策，所以我国黄箱政策支持仍有很大的空间。

（3）我国蓝箱政策执行情况

蓝箱政策属于黄箱支持削减承诺的三则例外情况。因此，蓝箱政策和绿箱政策一样不承担削减的承诺和义务。蓝箱政策以限产为特点，与黄箱和绿箱促进增产的目标截然不同，因此与蓝箱相关的直接支付支持不计入黄箱政策中的相关支持指标中。

蓝箱政策作为一个以限产为特点的支持政策，支持水平将紧紧地围绕着限定面和产量来确定。如，按固定面积或产量提供的补

---

① 国家市场调研中心：《2013 年农林牧渔业总产值数据统计》，http：//www.reportway.com/MarketData/2014/010882116.html。

② 《2013 年农业补贴金额或达到 2000 亿元》，http：//www.chinairn.com/news/20130321/090154989.html。

贴；根据基期生产水平85%（含）以下所提供的补贴，超过85%的产量就不享有补贴；按牲口的固定头数所提供的补贴。在计算黄箱综合支持总量时以上三种情况的直接支付不在范围之内。在我国，蓝箱政策尚未实行。

（三）对我国农业补贴水平分析的结论

通过以上两个指标体系对我国农业补贴水平进行考察，我们发现我国农业补贴水平整体仍偏低。按 OECD 的生产者支持指标体系，虽然我国农业生产者支持比例正在逐年升高，但仍大大低于西方国家。按 WTO 的支持综合总量指标体系，我国绿箱政策种类不足，黄箱政策水平不够，蓝箱政策缺位。

我们可以从农业补贴占农民收入比例和补贴效率两个方面来评价我国农业补贴水平。

农业补贴占农民收入比例大小可以反映农业补贴对农民收入的影响程度。比例高，农业补贴势必成为影响农民收入的重要组成部分。反之亦然。2013 年我国农村居民收入构成如表 3-5 所示。从表中可见，我国农业补贴和家庭成员馈赠等收入所占农民人均总收入比例不到 9%。农业补贴具体所占的比例可以通过全国农业补贴总额占全国农民收入总额的比例获得。2013 年我国农业补贴近 2000亿元，全国农民收入总额约 56010 亿元，农业补贴占农民收入总额的比例为 3.57%。[1] 相比其他国家，日本农业补贴占农民收入的比例为 47.3%。韩国农户收入的 52.1% 来自农业补贴。[2]

---

[1]　根据 2014 年《中国统计年鉴》相关数据计算得来。

[2]　朱满德、刘超：《经济发展与农业补贴政策调整——日韩模式的经验》，《价格理论与实践》2011 年第 1 期。

表 3-5　　　　　　　　　2013 年我国农村居民收入构成

收入项目	数额 (元)	占农村居民 人均收入比例 (%)	收入具体内容
工资性收入	4025.4	45.25	农村住户受雇于单位或个人,靠出卖劳动力而获得收入,如农民务工
家庭经营性收入	3793.2	42.64	从事农林牧渔等生产筹划管理获得的收入,如养猪、卖粮等
财产性收入	293.0	3.29	农民出租房屋,流转土地承包经营权而获得的收入
转移性收入	784.3	8.81	农业补贴和家庭成员馈赠等收入

资料来源:2014 年《中国统计年鉴》。

　　补贴效率主要反映的是补贴的实际效果。在农资成本上涨的情况下补贴实际效率不能仅仅通过补贴额占粮食价格的比例变化来反映,而是需要通过农资成本上涨幅度等指标来综合考察。通过依据《国家统计局关于 2014 年粮食产量的公告》、2014 年我国农业补贴总额以及我国水稻价格行情数据计算得到,我国农业补贴平均每亩补贴 100 元(全国粮食播种面积 17 亿亩,每亩粮食产量为 359 公斤,2014 年农业补贴总额为 1606.45 亿元),每公斤粮食农业补贴约 0.265 元。根据 2015 年 1 月 1 日三级晚籼稻谷收购价格 2660 元/吨,获知 2014 年我国农业补贴约占每公斤粮食价格的 10%。根据侯石安测算,2011 年农业补贴相当于粮食价格的 8.67%。[①] 因此,2011—2014 年我国农业补贴占粮食价格比例增长了 15.3%。而我国农业生产资料价格指数上涨了 10.9%。[②] 从中可以看出,在农业生产资料持续上涨的情况下,我国农业补贴效果大打折扣。

　　由此可知,我国农业补贴水平偏低,实际效率也有待进一步商榷。

---

① 侯石安:《农业补贴政策运行面临的问题与完善对策》,《学习与实践》2013 年第 6 期。

② 根据 2014 年《中国统计年鉴》相关数据计算得来。

第四章

我国粮食生产要素投入状况

在粮食生产的过程中，主要投入的生产要素可以分为两个部分：一部分是劳动力要素，另一部分是资本要素。从会计核算的角度看，粮食生产中投入的成本主要包括了物质费用、劳动用工费用和其他费用。其中，物质费用主要是粮食生产过程中消耗的农业生产资料，包括种子、化肥、农药、农膜以及农业机械、排灌等方面的费用；其他费用包括土地租赁费、管理费、销售费用和财务费用等。由于本书研究关注的是粮食生产中的要素投入，所以其他费用在本研究中不予考虑，而物质费用中的两项费用——农膜费用与排灌费用，由于它们所占物质成本的比例极小，为方便本书论述，也不予以讨论。因此，本书讨论的粮食生产要素中，物质投入就主要有种子、化肥、农业机械三个资本类的投入要素，而劳动投入要素就是劳动用工。

在对粮食生产要素投入的发展与现状描述过程中，如果用农业投入数量进行分析，则不能将粮食生产与其他农业生产的投入数量进行区分，易于导致数据失真，缺乏准确性，而采用平均每亩粮食生产投入的生产要素数量来计算更为合理。为此，本书采用历年《全国农产品成本收益资料汇编》中三种主要粮食（水稻、玉米、小麦）的亩均生产要素投入，来说明各项粮食生产要素的投入状况与发展。数据从实施粮食生产补贴前的 2003 年开始计算。

第一节 我国粮食生产要素投入水平

一 劳动用工投入

首先，分析劳动用工数量投入的变化情况见表 4-1。

表 4-1 主粮每亩劳动用工数量变化 单位：日/亩

年份	2003	2004	2005	2006	2007	2008	2009	2010	2011	2012	2013
劳动用工数量	11.10	9.97	9.59	8.68	8.18	7.69	7.22	6.93	6.79	6.43	6.17

资料来源：历年《全国农产品成本收益资料汇编》。

从表 4-1 中可以看到，2003 年以来，我国主粮的亩均劳动用工数量一直呈现下降的趋势，从 2003 年的亩均劳动用工数量 11.10 日/亩，到 2013 年，减少到 6.17 日/亩，劳动用工数量在十年间几乎减少了一半。变化原因可能有两种：一种是农业粮食生产科技水平不断提高，减少了劳动力的用量；另一种就是生产中的资本要素投入实现了对劳动力要素的替代。

进一步计算劳动用工成本占主粮生产总成本的比例，如表 4-2 所示。

表 4-2 劳动用工成本占主粮生产总成本的比例 单位:%

年份	2003	2004	2005	2006	2007	2008	2009	2010	2011	2012	2013
比例	42.4	41.4	41.7	40.3	40.0	37.8	38.8	42.1	44.0	48.3	50.9

资料来源：历年《全国农产品成本收益资料汇编》。

表 4-2 中的数据显示，主粮生产中劳动用工成本所占总生产成本的比例在 2008 年之前小幅下降后，2009 年后又快速上涨。到 2013 年劳动用工成本占到总生产成本的 50.9%，比补贴前的劳动用工成本还有大幅度的增长。这种情况的产生可能也有两个原因。一是在农村劳动力短缺以及城乡工资差距过大情况下劳动力价格上涨大大超过其他生产要素的价格上涨速度；二是农业劳动生产率在近些年获得了大幅的提高。这个问题有待后续研究进一步探讨。

二　农业机械投入

农业机械在农业生产中的应用是农业现代化发展的一个重要内容。本书认为，运用简单的农业机械投入数量作为投入要素时难以得出恰当的计量而粮食生产中机械应用的普及率是一个很好的替代指标，因此，以下用主粮生产中农业机械的普及率来说明农业机械的投入与变化状况。

表 4-3　　　　　　　主粮生产农业机械投入与变化状况　　　　　　单位:%

年份	2003	2004	2005	2006	2007	2008	2009	2010	2011	2012	2013
农业机械普及率	32.4	34.3	36.0	39.3	42.5	45.8	49.1	52.3	55.0	58.0	60.0

资料来源：历年《全国农产品成本收益资料汇编》以及财政部、农业部相关网站。

从表 4-3 中看到，我国主粮生产中农业机械的普及率历年来都在逐步提高。从 2003 年的 32.4% 提高到 2013 年的 60.0%，增长将近一倍，这从一定程度上说明我国农业现代化水平不断提高的事实。农业机械投入所需费用占农业主粮生产投入成本的比例（以平均每亩计算）如表 4-4 所示。

表 4-4　　　　　农业机械费用占主粮生产投入总成本比例　　　单位:%

年份	2003	2004	2005	2006	2007	2008	2009	2010	2011	2012	2013
农业机械费用率	7.4	9.3	10.4	12.4	13.6	14.9	14.9	15.7	15.4	14.9	14.8

资料来源：历年《全国农产品成本收益资料汇编》以及财政部、农业部相关网站。

表 4-4 中的数据表明，我国农业机械投入生产所需费用占比在 2008 年前有一定的上升后，近些年来并没有继续上升，这说明农业机械费用的价格指数相对其他生产投入要素来说在不断下降。其原因有可能是，生产组织、规模效应或者技术水平等导致的农业机械生产效率增加，也有可能是我国农业机械得到有力的推广使农业机械生产市场供给变大导致。

三　化肥投入

化肥对粮食生产来说是非常重要的营养成分，也是一项重要的资本类生产要素投入。在 20 世纪 90 年代后期，我国粮食产量得以大幅提高，一个重要因素是化肥施用量逐年递增。化肥的用量见表 4-5。

表 4-5　　　　　历年的亩均化肥用量（折纯）　　　单位：公斤/亩

年份	2003	2004	2005	2006	2007	2008	2009	2010	2011	2012	2013
化肥用量	20.20	19.14	20.29	20.96	21.67	21.28	21.74	22.98	23.03	23.22	23.44

资料来源：历年《全国农产品成本收益资料汇编》。

表 4-5 中的数据显示，近些年来我国主粮生产投入的化肥亩均折纯用量一直处于稳步上升过程中。进一步来看化肥成本占主粮生产投入成本的比例。

图 4-1 显示，虽然主粮生产中亩均投入的化肥数量在稳步提

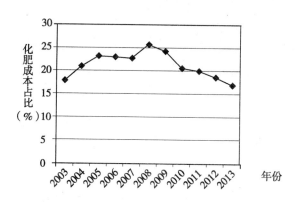

图 4-1　化肥成本占主粮生产投入总成本比例

资料来源：历年《全国农产品成本收益资料汇编》。

高，其成本占比在 2008 年达到 25% 的高点，但近年来出现了大幅下降的趋势。这可能是由于化肥生产效率提高、化肥生产供给过多导致价格下降，抑或是化肥对于主粮生产的贡献降低。这些都有待于后续进行进一步地研究。

四　粮食种子投入

粮食种子投入包含科技进步的因素，因此，良种补贴也是我国粮食生产补贴的一项重要内容。近年来的种子投入状况见图 4-2。

从图 4-2 中可以看到，我国主粮种植投入的种子数量在 2005 年以后进入了缓步增加的节奏，而种子成本占主粮生产成本的比例近年来变动较小。

第二节　我国粮食生产要素投入结构

在传统的粮食生产方式中，劳动力要素所占的比例偏大，这种

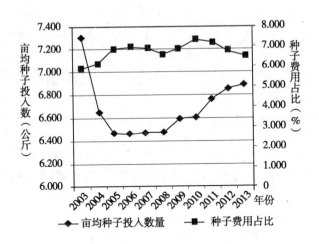

图 4-2　主粮种子投入数量、种子费用占主粮生产投入总成本比例

资料来源：历年《全国农产品成本收益资料汇编》。

生产投入结构导致我国粮食的劳动生产率偏低。随着农业生产技术的不断发展，粮食生产中投入的资本要素不断增加，这代表了现代技术对传统粮食生产的改进。从资本和劳动投入视角来看，资本劳动比应该会随着现代技术的不断进步而不断增加。但近年来，基于实际生产要素投入费用计算的资本劳动比①却显示，该比值并没有提高，如图 4-3 所示。

从图 4-3 可以看到，我国主粮生产的资本劳动比从 2004 年的 1.4 左右上升到 2007 年的 1.6 后，开始出现大幅下降。分析其原因，并不是资本要素投入减少而劳动力要素投入提高所导致的。因为这个比值是以资本劳动投入费用来进行比较的，资本和劳动价格指数的上升幅度不同，其中劳动力要素价格指数的上升幅度大大高于资本要素价格指数上升的幅度。根据《全国农产品成本收益资料

———————————

① 资本劳动比的计算方法见本书第 33—34 页。

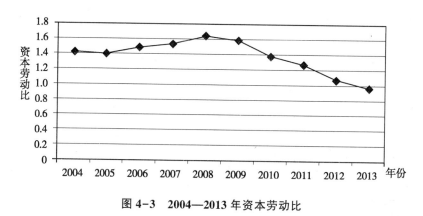

图 4-3　2004—2013 年资本劳动比

资料来源：历年《全国农产品成本收益资料汇编》。

汇编》，近年各种农业生产资料的价格指数上升幅度有很大的差异，尤其是资本型生产资料与劳动力的价格指数两者间的差异。在农业劳动力大量向非农转移的背景下，近年来劳动力价格指数上升的幅度特别大，这是导致资本劳动比连年下降的一个重要原因。

　　本书利用价格指数对生产要素投入价格进行平减，如果采用简单算术平均，难以对生产要素的价格进行准确反映，因此，本书利用历年《全国农产品成本收益资料汇编》，以 2004 年各项要素的价格为基准价格，以各年生产要素投入数量为权重，得出各年各项要素投入的费用以及占比。这种方法计算的资本劳动比如图 4-4 所示。

　　从图 4-4 中可以看到，粮食生产要素投入的资本劳动比（按 2004 年价格计算）呈现不断上升的趋势，说明粮食生产中的资本要素（机械、化肥、种子、农药等）投入的费用对劳动力（劳动用工）要素投入费用的比例在不断提高，2013 年资本劳动比约为 2。因此本书认为，国家实施粮食生产补贴的十年来，我国粮食生产方

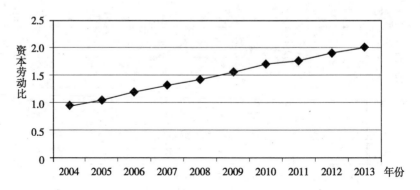

图 4-4　2004—2013 年粮食生产要素投入的资本劳动比（2004 年价格）

资料来源：历年《全国农产品成本收益资料汇编》以及财政部、农业部相关网站。

式发生了巨大的变化，其中资本劳动力比从 2004 年以前的不到 1 增长到 2013 年的 2 左右，说明这些年以来粮食生产投入中资本要素已经极大地替代了劳动力要素。

第五章

我国粮食生产补贴对粮食生产要素投入的影响

粮食生产要素包括了劳动力、农业机械、化肥、农药、种子等，但本部分只选择劳动力和农业机械，进行粮食生产补贴影响效果的研究。劳动力要素是资本劳动力比中的劳动力要素，是主要的研究对象。而选择农业机械作为资本类要素的代表，主要考虑两个方面的原因：第一，农业机械在粮食生产中所占成本相对其他资本类要素大；第二，农业机械是替代劳动力最重要的资本类要素，并且粮食生产补贴中专门设置了农业机械购置补贴，这有利于本书清晰地界定出对农业机械购置施加影响的粮食生产补贴部分。因此，本书对劳动力和农业机械两个生产要素的投入进行研究。

第一节　我国粮食生产补贴对劳动力投入的影响

改革开放以来，我国的科技水平和社会经济得到飞速的发展，产业结构和劳动力结构也随之发生了巨大变化。在产业结构上，我国已经从一个以农业为主的国家，发展成为一个制造业大国。第二、第三产业占我国国民经济的比例，到 2013 年已经达到 90% 以上。同时，大量农业劳动力向非农产业大规模转移。农业劳动力人口在我国全部劳动力中所占比例，从 1995 年的 52.2% 下降到 2013 年的 31.4%，在转移的劳动力中，又以年轻人和文化程度高者为多。当然，农业劳动力向非农转移，一方面为我国的产业结构调整、工业化发展提供了重要的支撑；另一方面劳动力转移导致的农业劳动力短缺也给我国粮食生产与发展带来了挑战。为了提高农民收入以及保障粮食生产，我国政府从 2004 年实施农业税减免试点改革，并进一步对农民种植粮食进行补贴。到现在，粮食生产补贴政策实施了十年，该政策的根本目标在于提高农民收入、确保国家粮食生产，该政策的发生作用的一个重要途径是通过影响粮食生产要素投入的数量与质量来实现的。农业劳动力是农业生产要素中的一个关键成分，也是本书研究的一个焦点内容。因此，本部分的研究关注粮食生产补贴政策对农村劳动力转移的影响效果，通过农村劳动力的转移来间接反映粮食生产中劳动力要素的投入。这将为分析粮食生产要素的变动趋势提供重要的实证结论与理论基础。

首先，对以往相关研究进行简短的回顾。其次，从劳动力职业决策的理论视角建立经济数学模型进行分析，提出粮食生产补贴对于劳动力转移的影响效应。再次，对本研究的变量以及测量与选择数据的方法进行介绍。最后，对统计结果进行分析并对结果进行讨论。

一　理论分析

（一）劳动力转移理论分析

经济发展中的劳动力转移一直都是理论研究的焦点问题。Daveri 和 Faini（1999）指出，在经济发展中，农业劳动力从农业部门向非农产业部门转移、从农村向城镇转移，既是世界各国都曾经或必将面对的一种普遍现象，也是实现现代经济增长的必由之路。路易斯（Lewis）在《无限劳动力供给条件下的经济发展》（1954）中首先提出了二元经济理论模型，并对该模型进行了不断的补充和完善。其理论模型的核心是：把一个国家的经济结构看成存在着两个不同性质的经济部门，一个是在地理位置上位于农村区域的农业部门，通常总是以传统的生产方式进行生产；另一个是地理位置上位于城市区域的实行现代化生产的工业部门。并提出两部门产业状况的假设，即农业部门边际生产率较低，工资水平低下，同时又保留着大量的剩余劳动力；而现代工业部门由于技术进步，劳动边际生产率较高，工资水平也总是远高于农业部门。因此，在其他条件不变的情况下（也就是没有政府政策干预等作用条件），农村劳动力为了获取与工业部门相等的边际报酬，将产生自然流向城市工业部门的倾向。随着生产技术的进步和消费水平的不断升级，工业部门也将表现为不断扩张，从而带来农业劳动力不断向工业部门的转移。

Fei 和 Ranis（1961，1964）在路易斯二元模型的理论基础上进一步修正，提出了关于农业对经济发展贡献的假设。他们指出，在农业部门同样也存在着技术进步，农业部门在为工业部门提供劳动力（刘易斯模型的基本假设）之外，还提供剩余产品和资本积累，促进农业部门的发展和农业劳动力工资水平的提高。二元经济增长是一个工业与农业平衡增长的动态过程。农业部门向非农业部门转移的劳动力数量取决于农业生产率的大小，以及农业劳动力的最低工资水平。工业部门能够吸收并容纳的劳动力数量也取决于工业部门的资本积累、技术水平和工人工资水平。

在农业和工业共同发展的情况下，只有工人的工资大于或等于农民的制度性工资，才能确保农业劳动力不断向非农业转移，从而促进二元经济平衡增长。

农业部门的弱质性导致农业部门的发展极为缓慢。这极大地影响产业结构的合理调整和经济的健康发展，因而政府的政策干预就往往成为促进农业部门发展的重要手段。对于政府政策的干预形式与干预效果的研究大量出现，产生大量成果。

欧洲实施的共同农业政策（CAP）经历了多次调整，发展到现在，其目标设定为提高农业经济效率与竞争力，推动社会与区域发展平衡。CAP 的内容已从原先支持农产品价格转向提高生产者收入以及农村基本公共品的全面发展，以保障农户生产的可持续性。为此，欧盟的政策制定者认为，CAP 对于保持农业劳动力资源具有极为重要的作用。但是只有一小部分研究关注了补贴政策对于农业劳动力迁移的影响。这方面的研究结论之间存在着或多或少的不同，没能得到完全一致的理论结论。实际上，影响农业劳动力在产业间转移的因素很多，而农业补贴只是其中一个重要变量。一个国家的其他政治和经济变量，也会对农业劳动力的迁移产生重要影响。在宏观层面研究农业劳动力在产业间转移的研究中，研究者们通常会控制一些结构性变量，比如国家或地区的相对收入、失业率、人口密度、制度与政策变量等来反映劳动力的迁移情况。

巴克利（1990）的经典文章采用了一个两部门职业选择模型，时间范围为 1940—1985 年，以分析美国政府的农业支持对农业劳动力转移的影响。结果显示，美国的农业支持政策对于农业劳动力的影响是消极的并且不够显著。Antoni 和 Mishra（2010）在巴克利（1990）的研究基础上，把研究数据进一步扩展到 2007 年，考虑到模型的动态性，该研究通过自回归分布式滞后模型来对数据进行分析处理。结果显示，农场支持的政策对于农场劳动力转移产生了显著的消极效应，也就是，农场支持政策显著减少了农场劳动力向外迁移的数量。

因此，关于农业支持政策对于农业劳动力迁移的影响效应，有的结论是消极效应，有的是积极效应，有的是影响效应并不显著。在此，本书认为，要考察政府补贴政策对于农业劳动力迁移的影响时，必须考虑到具体的各地区政策、市场、资源等特征。为此，本书将对该政策的劳动力迁移影响效应进行进一步的理论分析，在此基础上，利用相关数据进行实证检验。

（二）补贴条件下农村劳动力转移的理论分析

由于我国从事粮食生产的农业劳动力实际上也从事多种其他农业生产活动，同时也通常是兼职农民。本书不对种粮和不种粮的劳动力进行区分，而以农业劳动力整体作为研究的对象。

农业补贴影响农业劳动力转移的理论研究一般有两条途径：一是用家庭劳动力模型来分析补贴对家庭劳动力的影响；二是基于劳动力职业选择模型来分析其进入或者退出农业劳动市场的决策参考因素。这两类研究的区别也表现为在实证研究过程中，家庭劳动力模型研究通常采用微观的农场数据，而产业间劳动力职业选择在模型通常采用宏观层面的劳动力市场数据。

本书参考托达罗（Todaro，1969）以及哈里斯和托达斯（Harris and Todaro，1970）的理论方法，把农业劳动力向其他产业转移看成一个两个产业间的劳动力职业决策模型。假设农业部门为（$i=1$），非农业部门为（$j=2$），劳动力的职业选择依赖于他们对于职业生涯收益的比较结果，按照该理论思路，设劳动力当前年龄为 g，在时间 T 退休，劳动力的职业决策方程是：

$$H_{ik} = \int_g^T e^{-rt} U(X_{it},\ L_{it})\, d_t - \int_g^T e^{-rt} U[(X_{jt},\ L_{jt}) - C_{ijt}]\, d_t$$

(5.1)

其中，H_{ik} 为劳动力职业选择的净效用；r 是收益的折现率；X_{it} 为农业部门的消费量，$X_{it} = q_{it} w_{it} L_{it}$；$q_{it}$ 表示农业部门的就业水平；w_{it} 表示农业部门工资水平；X_{jt} 为非农业部门的消费量；L_{it} 为农业部门劳动力的工作时间消耗；L_{jt} 为非农业部门劳动力的工作时间消耗；C_{ijt} 为转换职业的成本。当 H_{ik} 小于 0 时，即农业部门职业生命周期的效用小于非农业部门，劳动力会选择转移。

从方程中可以看到，劳动力在时期 t 的效用为其消费量（X_{it}）和工作时间消耗（L_{it}）的函数，当他从现有的职业转移到另一个职业时，他的预期效用的增加要大于转换职业所付出的成本（C_{ijt}）。我们可以假定劳动力现在从事农业生产而不是非农业生产，那么当劳动力的净效用为负值（$H_{ik} < 0$）时，劳动力将从农业部门转移到非农业部门中。

虽然非农业职业的劳动力报酬比农业要高，但农业劳动力在转移时还会对不同产业间的工资（w_j）水平进行比较，并考虑非农就业行业的就业率（q_j）水平。因此，工资水平的差异并不一定导致劳动力持续不断从农业生产中迁移出去。

劳动力在计算其职业转移的效用（H_{ik}）时，会考虑在工业部门中获取工作的概率，比如工业部门中的就业率以及工业部门中劳动力需求相对规模的大小。在其他条件相同的情况下，非农业部门的劳动力市场越大，劳动力也就越容易在非农业部门就职。而且，农业部门的经济状况，比如政府对农业的转移支付以及农业家庭的成员结构，也会影响农业劳动力迁移的比率（Benjamin，Kimhi，2006）。

当劳动力迁移的效用 $H_{ik} < 0$ 时劳动力转移出农业，这里用数学模型来表示地区的农业劳动迁移率，采用函数指标 f_{ik} 来区分产业间转移的劳动力，即当 $f_{ik} = 1$ 而 $H_{ik} < 0$ 时，$H_{ik}f_{ik} \leqslant 0$（劳动力转移发生），而 $f_{ik} = 0$，$H_{ik} \geqslant 0$ 时，劳动力不发生转移。使用这个模型就可以对劳动力转移情况进行加总，因此，在某个阶段从农业职业转移到非农业职业的劳动力总体比率 M_{ij} 就可以写为：

$$M_{ij} = \sum_{k=1}^{I} f_{ik} \qquad (5.2)$$

式中，I 为在农业职业中就业的人员总数。

由于劳动力从一个产业转移到另一个产业是相互的，所以劳动力从农业部门的净流出可以表示为 $m = M_{ij} - M_{ji}$，其中 m 作为本书实证模型中的因变量。

在实际研究中，由于劳动力具体流出数据难以获取，所以以往研究只是把第二年度的农业从业人员数据直接作为计算劳动力转移数据的计算依据（如 Barkley，1990；D'Antoni et al.，2010）。但是在中国背景下，由于 20 世纪六七十年代我国鼓励人口生育的政策，使得 90 年代初劳动力人口的自然增长的规模比较显著，此外在 1978 年后中国实行严格的计划生育政策，该政策得到高效而严格的执行，达到了控制人口数量的预期目标，也使得我国近年来劳动力数量及所占人口比例呈现显著减少的趋势，"人口红利"消失。近些年，七八十年代出生的独生子女正在成为我国劳动力的主要部分，而退休人口大于新增劳动人口，我国劳动力不断减少。比如，《中国统计年鉴》显示，在 1982 年的总人口 10.16 亿中，0—14 岁的儿童人口为 3.41 亿，占比约为 33.6%；而到 2010 年有总人口 13.41 亿，其中 0—14 岁的儿童人口为 2.22 亿，占比约为 16.6%，2011—2013 年的儿童人口比例也与此相仿，在总人口中的比例较 1982 年有明显减少。当前正在进入劳动人口快速下降的阶段，每年新增的劳动人口正不断减少，而退休年龄人口比例在不断增加。因此，这部分劳动人口的变化应该在本研究的劳动力产业间迁移中考虑进去，以减少系统误差。

为了减少这个因素导致的数据偏差，本书参考 Larson 和 Mundlak（1997）的方法，先假定在不发生劳动力迁移的情况下农业和非农业劳动力数量会发生同步增长或减少，将在这个基础上计算的增长率的偏差作为劳动力的迁移率，因此，可以采用公式（5.3）来估计劳动力迁移率：

$$m = \left[L_{1t-1} \left(1 + n \right) - L_{1t} \right] / L_{1t-1} \qquad (5.3)$$

其中，$n = \left(L_t - L_{t-1} \right) / L_{t-1}$ 是劳动力总量的增长率。

二　计量模型设定

根据以上的理论模型以及以往相关研究，本书认为劳动力迁移率（m）主要受到非农业劳动力与农业劳动力收入比（RI），以及政府政策（粮食生产补贴 S）的影响，此外还有其他一系列要素，比如非农产业规模、农业劳动人力资本等也会影响转移成本（C），从而以引起农业劳动者职业选择的变化，所以在回归过程中也会加以控制。

本书研究的主要目的是把粮食生产补贴对农业劳动力转移的影响效应识别出来，根据农业劳动力职业最优化决策模型，在其他条件不变的情况下，粮食生产补贴应该会提高农业从业者的收入，从而降低农业劳动者转移的倾向。因此，从实证检验的角度农业劳动者在时间 t 向非农业转移的迁移率可以表示为：

$$m_t = \beta_0 + \beta_1 RI_{t-1} + \beta_2 S_{t-1} + Z_{t-1} + \mu_t \qquad (5.4)$$

其中变量 Z 包括了其他影响劳动转移的变量，比如相对劳动份额和失业率，它们会影响劳动力转移的成本 C，μ_t 是随机扰动项。

根据理论模型（5.1），粮食生产补贴将会增加农业劳动者在职业生涯中的收入，减少农业劳动者向非农业部门转移，因此我们可以得出推论：粮食生产补贴将对农业劳动力的转移产生消极影响，即模型（5.4）中 $\beta_2 < 0$。同样可以从模型（5.1）中可以看到，非农业部门的职业生涯收入对于农业劳动者转移有着重要的影响作用，因此，非农业部门收入水平越高，从事农业的职业效用值 H_{ik} 也就会越小，有利于促进农业劳动者的转移，即模型（5.4）中 $\beta_1 > 0$。

三　变量的选取与数据说明

因变量：农业劳动力迁移率，数据来源为《中国统计年鉴》。

自变量：本书主要采用非农业劳动力与农业劳动力收入比、农村人力资本、非农业与农业产业规模比、粮食生产补贴和农村医疗服务水平等作为自变量。分别为：

粮食生产补贴：本书研究的主要目的是把粮食生产补贴对农业劳动力转移的影响效应区分出来，所以粮食生产补贴是本研究关注的关键变量。在其他条件不变的情况下，粮食生产补贴将会降低农业劳动力向非农业转移的比率。粮食生产补贴从 2004 年起开始实施，粮食生产补贴数据包括了粮食直补、良种补贴、农业机械购置补贴、农资综合补贴四类，但《中国统计年鉴》上的数据并不全面，有缺失，因此本书通过财政部网站获取数据，以 2004 年价格为基准对补贴数据进行价格平减处理，同时由于补贴数据量级比较大，从几百亿元到一千多亿元，所以进一步取对数进行处理。

非农业劳动力与农业劳动力收入比：收入差距是促使农业劳动力转移到非农业部门的关键因素之一，可以预计收入差距越大，农业劳动力转移的意愿也就越大。本书中非农业劳动力与农业劳动力的收入差异采用非农业劳动力与农业劳动力的年均收入比进行测量，农业劳动力的年均收入数据来自《中国农业统计年鉴》，非农业劳动力收入数据来自《中国统计年鉴》。

农村人力资本：农村劳动力受教育水平最能体现农村人力资本的内涵，且数据可得性强，因此采用农村劳动力的平均受教育年限表示农村人力资本状况，将教育层次定义为以下五级：（1）文盲半文盲，受教育年限为1年；（2）小学文化程度，受教育年限为5年；（3）初中文化程度，受教育年限为8年；（4）高中文化程度，受教育年限为11年；（5）大学专科及以上，受教育年限为15年。人均受教育年限为各群体受教育年限的加权和，权数为各受教育年限人口所占比例。

农业劳动力占比：在20世纪90年代初期，受户籍等政策因素的影响农村人口迁移较少，农村劳动力富余程度比较高，这为农村劳动力的迁移提供了很好的条件。而随着农村劳动力不断外迁，农村富余劳动力越来越少，这也会阻碍农村劳动力的向外迁移。因此，本书采用农业劳动力占全部劳动力的比例来表示农业劳动力的富余程度。从它对农业劳动力迁移的影响可以推断：首先，农村中农业劳动力由于不断迁移出去导致其数量不断减少，在劳动力结构中占比越来越小，农业劳动力也越来越紧张；其次，该变量会对农业劳动力的迁移产生消极的影响。该数据来源于历年《中国统计年鉴》。

农村医疗服务水平：医疗服务水平是对于人们的健康生活质量有显著影响的因素，是农村生活的一个基础条件，也是影响农村人口向城镇迁移的重要变量。在小康社会指标中，反映医疗卫生水平的是卫生服务体系健全率。衡量医疗服务的普及度，国际上有两个通用指标：一是千人医生数，二是千人病床数。那么这里到底是用医生数而还是用病床数来表示？根据统计部门的观点，如果以病床数为目标，政府只要加大投入增加病床就可以实现，但这并不意味着就有了相应的医疗服务水平。尤其在我国城乡差异较大的背景下，作为人力资本较高的一个群体，医生有意愿、也相对更有能力去大城市大医院工作，基层群众仍然是享受不到医疗服务。因此，以医生数为目标，且将这个指标分解落实到各个辖区，有利于推动当地医疗服务均等化。基层拥有了足够多的医生，才能最终解决看病难。每千人拥有医生数指一个国家或地区平均每千人拥有的执业（助理）医师数，反映了一个地区的医疗保健发展水平，是衡量一个地区医疗服务能力的重要标志。本书用农村千人拥有医生数（Medi）来代表农村的医疗服务水平，数据来源于《中国统计年鉴》。

非农业劳动力缺口：农业劳动力要到城镇去找工作，通常也面临着工作搜寻成本，对农业劳动力转移的效用会产生消极影响，而失业率这一概念一般可以用来表示农村劳动力到非农产业寻找工作的成本，但是，由于在我国统计年鉴上近年来各个年度的城镇失业率都基本固定在4.1%和4.2%这两个数值，多年来几乎没有什么变动，这样的数据从常识上理解不甚合理，而且与我们观察到的近年来我国就业市场劳动力短缺现象不太符合，而实际上劳动力短缺的对象主要是对知识技能要求较低的劳动力，其主体就是从农业部门迁移过来的劳动力。所以本书从农村劳动力寻找工作难易程度的另一个指标——非农业劳动力缺口，来表示农村劳动力寻找工作的成本。在改革后前20多年时间里，我国劳动力无限供给特征非常明显，并典型地表现为农民工工资的长期停滞，也意味着寻找工作的成本比较高，这也影响着之前农业劳动力向非农产业转移。但这种情况随着2004年"民工荒"的爆发而转变，缺工问题持续蔓延，劳动力无限供给开始转向有限供给，极大地降低了农业劳动力转移的搜寻成本，近年来农业劳动力找到非农产业工作也越来越容易了，这也鼓励了农业劳动力向非农产业转移。本研究采用劳动力缺口这个变量来表达第二、第三产业规模的增长导致的农业劳动力转移成本降低的情况，计算方法是用每年第二、第三产业规模增长后的规模指数（减去通胀指数）与每年劳动力规模增长后的劳动力规模指数进行比较，以其差值作为非农业劳动力缺口变量（Gap），作为替代失业率的反向指标。该值越大，意味着产业规模增长越快，而劳动力规模增长缓慢，那么劳动力缺口就越大。

非农业与农业产业规模比：第二、第三产业的规模比第一产业的规模越大，那么非农产业提供的工作机会也就相对来说越多，那么农业劳动力在非农产业搜寻工作所要花费的各种成本也就会越小，从而对劳动力在产业间的迁移有积极的影响作用。该变量用非农业产业规模与农业产业规模的比值（Sca）表示，数据来源于《中国统计年鉴》。

此外，交通运输也是影响农业劳动者出外寻找工作成本的一个变量，本书回归模型中加入公路交通里程（Traf）这一变量进行控制，该数据来源于《中国统计年鉴》。

表5-1中列示了相关变量的描述性统计结果，从表中可知，2004—2013年，农业劳动力迁移率的均值为3.31%，一直呈现流出的状况。这也可以从非农业劳动力与农业劳动力收入比观察到。同时从表中可以看到，非农业劳动力与农业劳动力收入比均值为5.05倍，标准差只有1.15，说明这十年来，非农业劳动力与农业劳动力的收入差距一直较大，并且没有明显改善，这也是促进农业劳动力向非农产业转移的一个重要原因。而非农业与农业产业规模比最大为9，对劳动力的需求大幅增长，也是农业劳动力转移的重要原因。

表 5-1　　　　　2004—2013 年相关变量的描述性统计

变量	含义（单位）	均值	标准差	最大值	最小值
Out	农业劳动力迁移率（%）	3.31	1.07	6.39	-0.71
Suba	粮食生产补贴（亿元）	797.20	473.57	1302.58	145.20
Lab	农业劳动力占比（%）	0.44	0.07	0.52	0.31
RI	非农业劳动力与农业劳动力收入比	5.05	1.15	6.35	3.09
Sca	非农业与农业产业规模比	6.83	1.81	9.00	4.05
Hc	农村人力资本（年）	7.02	0.37	7.48	6.26
Gap	非农业劳动力缺口（%）	5.14	2.82	9.57	-0.45
Medi	农村千人拥有医生数（人）	1.19	0.13	1.48	1.04
Traf	公路交通里程（公里）	261.60	124.60	435.60	115.70

基于回归模型（5.4），本书采用多元回归统计来进一步分析粮食生产补贴对于农村劳动力转移的影响。

四　计量结果与分析

利用以上数据，首先进行了变量间的相关分析，总体来看，变量间的相关系数都不显著。进一步根据模型（5.4）进行了回归估计，结果见表5-2。从表中的模型估计结果可以看到，该回归模型在 1% 显著性水平下显著，模型整体拟合结果较好。

表 5-2 报告了非农业劳动力和农业劳动力收入差距、粮食生产补贴、农业医疗服务水平、非农产业劳动力缺口等因素对于农业劳动力流出的回归分析结果，其中农业劳动力占比（Lab）进入回归方程后，回归系数对于变量和数据变化非常敏感，t 值并不显著，因此认为该变量与其他变量间存在严重的线性相关，因此剔除该变量进行回归处理。方程一考察了在没有加入粮食生产补贴这一要素的情况下的回归，结果显示，非农业劳动力与农业劳动力收入比对于农业劳动力的向外迁移产生了显著的积极影响，收入差距扩大 1 倍，农业劳动力迁移率平均增长 0.513 个百分点。劳动力的受教育年限对于劳动力的转移也富有弹性，劳动力受教育年限每增长 1 年，农业劳动力迁移率上升 1.346 个百分点。非农业劳动力缺口也对劳动力迁移有积极的影响，劳动力缺口扩大 1 个单位，农业劳动力迁移率上升 0.187 个百分点，这也说明了非农产业劳动力紧张将导致农业劳动力出外搜寻工作的成本下降，促进农业劳动力转移。

在方程二中加入粮食生产补贴这一变量考察粮食生产补贴这一政策对于农业劳动力转移的影响，从表中可以看到，国家的粮食生产补贴对于劳动力的迁移产生了显著的消极影响。从数据看到，国家粮食生产补贴每增加 1 亿元，农业劳动力迁移率就会减少 0.07 个百分点，说明国家粮食生产补贴政策在一定程度上达到了留住农业劳动力的目标。本书进一步考虑到农业劳动力在决定是否转移时，农村的医疗条件也是其考虑转移到其他产业时的一个重要影响因素，当农村提供的医疗条件改善时，实际上也就增加了其迁移出去的成本。因此，在方程三中加入粮食生产补贴和农村医疗服务水平的交互项进行回归，结果显示该变量在回归方程中同样表现显著，并且从回归系数和调整后的 R^2 看到，该模型的解释程度有所增加。因此，本书认为通过粮食生产补贴提高劳动力的收入以及同时提高农村的医疗水平有助于留住农业劳动力，降低农业劳动力迁移率。

本书对回归结果进行了稳健性分析。首先，用农村平均每户常住人口变动（PER）替代农业劳动力迁移率；其次，用建筑业工人人均工资增长率（SALA）来替代非农业劳动力缺口变量，回归结果如方程四所示，人口变动与粮食生产补贴依然负相关，前面的回归检验结果基本稳定。

表 5-2　　　　　　粮食生产补贴等对农业劳动力转移的回归结果

变量	方程一	方程二	方程三	方程四
Suba	—	-0.07 *** (-0.659)	—	-0.008 ** (-0.735)
Suba×Medi	—	—	-0.088 *** (-0.771)	—
Gap	0.187 * (1.761)	0.221 ** (0.898)	0.207 *** (4.281)	—
Hc	1.346 ** (3.547)	1.541 * (2.902)	1.413 * (0.947)	1.179 * (2.367)
RI	0.513 *** (1.826)	0.579 *** (1.573)	0.545 *** (1.742)	0.639 *** (1.869)
Medi	3.368 (1.571)	5.368 (3.781)	—	4.674 (2.587)
Sala	—	—	—	0.162 ** (1.588)
Sca	0.607 ** (3.674)	0.774 (4.382)	0.706 (4.103)	0.896 (3.352)
Traf	-0.018 (-0.862)	-0.009 (-0.743)	-0.016 (-0.369)	-0.045 (-0.273)
F 值	2.86 **	4.38 ***	3.69 ***	3.38 ***
调整后的 R^2	0.773	0.826	0.848	0.795

注：*、**、*** 分别表示在 10%、5% 和 1% 的显著性水平下显著。

五　结论

粮食安全对于我国社会、经济健康发展有着极为重要的意义，为了确保我国粮食的正常生产，从 2004 年起我国实施了粮食生产补贴政策，补贴力度也是逐年加大。农业劳动力被认为是我国粮食生产的一项必不可缺的关键要素，实施粮食生产补贴政策的一个重要目标是确保农民收入，以留住农业劳动力，保障我国粮食生产的顺利进行。为此，在本部分的研究中，从农业劳动力职业选择理论分析的视角，参考巴克利（1990）提出的劳动力在两产业间进行职业决策的理论模型，分析了粮食生产补贴对于农业劳动力转移的影响效应，指出了我国粮食生产补贴可能对农业劳动力的向外迁移产生一定的缓解作用。

在实证研究中，本书根据理论分析模型，选取 2004—2013 年间的粮食生产补贴、农业劳动力迁移率以及其他相关数据，利用 Eviews8 统计软件进行了变量的回归分析。分析结果表明，我国粮食生产补贴的回归系数显著为负，说明粮食生产补贴显著地减缓了我国农业劳动力向非农产业的迁移，通过增加农业劳动力的收入，有利于保留农业劳动力进行粮食生产。这个结果也符合了国家进行粮食生产补贴的预期目标。同时，利用粮食生产补贴与农村医疗服务水平的交互项对农业劳动力迁移率的回归结果显示，其回归系数显著为负。在本研究中，农村医疗服务水平是采用农村每千人所拥有的医生数量来表示的，实际上，这个指标用来代表农村生活条件的舒适程度对农村劳动力的吸引力，是对农村生活舒适程度描述的一个指标。因此，上述回归结果说明了国家在进行粮食生产补贴的同时，不断提高农村生活的便利与舒适程度，能进一步对保留农业劳动力有积极的作用，上述结论在进行稳健性检验后依然成立。

总结本章研究的主要结论，我国粮食生产补贴政策显著地影响了农业劳动力向非农业转移的职业决策，减缓了农业劳动力的转移速度，达到了我国农业粮食政策预期的部分目标。这个结论与本书提出的农业劳动力职业选择模型（5.4）相一致，也与以往的相关研究结论（如 D'Antoni and Mishra，2010；Breustedt and Glauben，2007）相类似。

在我国粮食产量连年下降的背景下，我国从 2004 年起实施了粮食生产补贴政策，到 2014 年实现了粮食产量的"十一连增"，而在其中，我国充足的农业劳动力对粮食生产的贡献功不可没，本书研究得出的粮食生产补贴有效保留了农业劳动力，减缓了农业劳动力的转移，也证明了我国粮食生产补贴政策的重要作用。

虽然，从短期来看我国粮食产量连续增长，粮食生产补贴留住了农业劳动力，有重要的意义。但是本书研究还要继续关注的是，从长期的观点来看，在我国正处于工业化、城镇化发展的过程中，农业劳动力不断向非农产业转移的背景下，粮食生产补贴对于农业劳动力的保留以及对我国粮食生产产生什么样的影响？是否会对我国粮食生产的可持续发展带来什么效果？这些问题也同样是值得深究的，也是本书将要进一步探索的。

第二节　我国粮食生产补贴对农业机械投入影响：以农业机械购置补贴为例

农业机械是粮食生产的一个重要生产要素，也是粮食生产补贴重点补贴的一个关键农业生产要素。我国农业机械购置补贴正式设立于 2004 年。通过农业机械购置补贴来分析粮食生产补贴总额对农业机械投入的影响，其结果更有说服力和针对性。我国农业机械购置补贴标准由中央财政根据实际情况调整，各地区按照自身实际情况给予配套资金支持。该补贴已逐步覆盖主要农业机械种类，范围扩展至全国所有农牧业县，资金规模也逐年增加。其投入的资金规模也从 2000 年年初的几千万元达到了 2014 年的 237.5 亿元人民币①，更重要的是，从政府相关部门到众多农业专家普遍认为，它对我国农业机械化发展、农民种粮热情和农业劳动生产率等多个方面产生了重大而积极的影响。那么，我国农业机械购置补贴到底是否对我国农业机械化的发展产生了影响？影响程度多大？以往对这些问题国内也有不少研究与讨论，但实证研究相对缺乏，导致缺少令人信服的理论结论。因此，本部分研究将基于相关理论分析，在对相关数据统计分析的基础上，实证探索农业机械购置补贴对农业机械购置与粮食生产的影响。

本部分首先描述与分析我国农业机械购置补贴发展与现状，对农业机械购置补贴下我国农业机械购置规模以及农业机械化发展水平的变化进行统计描述，之后在以往相关研究回顾与理论分析基础上，提出农业机械购置补贴影响效应的基本假设，进而提出有待检验的计量模型，并采用相关数据进行实证检验，最后进行结果讨论。

一 我国农业机械购置补贴规模

在我国，当前正在实施的农业机械购置补贴是指国家对直接从

---

① 《我国农作物耕种收综合机械化水平突破 60%》，国务院网站，2014 年 12 月 15 日，http://www.gov.cn/xinwen/2014-12/15/content_ 2791585. htm。

事农业生产的个人和农业生产经营的组织购置和更新农业生产所需的农业机械给予的补贴。其目的在于促进我国农业机械化水平和农业生产效率的提高。近些年来中央财政农业机械购置补贴的投入规模如表5-3所示。

表5-3　　　　　　　中央政府农业机械购置补贴规模　　　　　　单位：亿元

年份	补贴金额	年份	补贴金额	年份	补贴金额	年份	补贴金额
2000	0.2	2004	0.7	2008	40.0	2012	215.0
2001	0.2	2005	3.0	2009	130.0	2013	217.5
2002	0.2	2006	6.0	2010	155.0	2014	237.5
2003	0.2	2007	20.0	2011	170.0	—	—

资料来源：2001—2013年《中国农业发展报告》，农业部、财政部网站。

表5-3显示，我国农业机械购置补贴从2004年以来每年增长幅度较大。虽然近两年中央政府对农业机械购置的补贴额度提高幅度放缓，但2014年中央政府的补贴金额达到了237.5亿元。农业机械购置补贴实施的方法和效果，对农业机械行业的发展来说，将发挥着重要的影响。从补贴的规模来说，在2013年时，我国农机具市场规模是3800亿元，也就是说，中央政府的农业机械购置补贴金额达到了总销量的6.25%。而2013年农机具生产行业的利润率比往年都要高2%—3%，但也只是5%左右。从这个方面来看，我国农业机械购置补贴的政策扶持力度是比较大的。从事实数据来看，该补贴应该对我国农业机械行业的发展以及我国农业机械化的进程产生重要的影响。各年度的农业机械补贴金额与其占农业机械市场规模的比例如图5-1所示。从图中可以看到，补贴金额从2006年起进入了高速增长的阶段，其所占行业市场规模比例也从2009年后一直处于6%以上的高位。因此，从补贴的金额比例来说，应该对这

个行业的支持力度比较大，当然，也希望行业的这个补贴力度对这个行业的技术进步有同样大的推进。

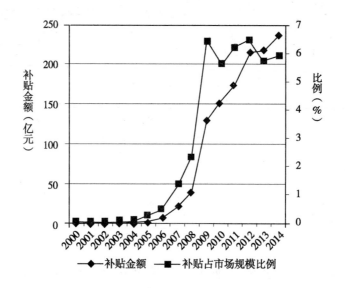

图 5-1 农业机械购置补贴占农业机械市场规模的比例

资料来源：《中国农业机械工业年鉴》和农业部网站。

同样在此期间，我国的农业机械市场也进入了扩张的快车道，年销售额从 2000 年的 550 亿元增长到 2013 年的 3800 亿元，增长了 6 倍多。而同一时期，我国农业机械化进程也快速上扬，我国现有主要农业机械总动力，从 2000 年的 5257 亿瓦提高到 2014 年的 10760 亿瓦，增加了将近 1 倍（见图 5-2）。同样的，我国农业综合机械化水平，也从 2000 年的 32.4% 增长到 2014 年的约 61%（见图 5-3）。

从图 5-3 可以看到，农业机械购置补贴的总金额与农业机械总动力的规模从 2000 年以来一直呈现上升的趋势，特别是从 2004 年后开始，农业机械总动力的规模与综合农业机械化的水平都呈现加速提升的趋势。因而近些年来，从农业管理者、实践者到经济专家

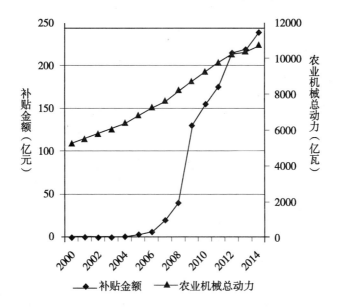

图 5-2 农业机械购置补贴与农业机械总动力的变化趋势

资料来源:《中国农业统计年鉴》、农业部网站。

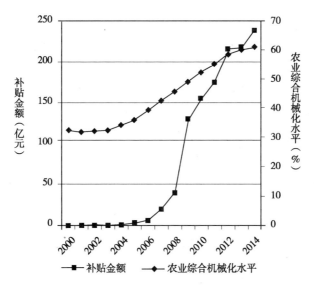

图 5-3 农业机械购置补贴与农业综合机械化水平的变化趋势

资料来源:《中国农业统计年鉴》、农业部网站。

一般都认为是农业机械购置补贴极大地促进了我国农业生产的机械

化进程。然而以往对于这个问题讨论和研究的一个不足，就是这方面的结论还比较欠缺现实数据与实证研究的支持。而且还有一个疑惑，即尽管 2007 年后补贴金额大幅增长，达到行业市场规模的 6%以上，但是我国农业综合机械化水平在 2008 年以后并没有产生同样显著的提高。而是继续以往年的节奏增长，那么农业机械购置补贴发挥了什么作用？其产生作用的效果究竟多大？这个问题也有待进一步深入探索，以促进财政农业机械购置补贴效果的提高。

政府相关部门与相关农业、经济专家一致认同，补贴在推动农业机械化快速提高中发挥了非常重要的作用。事实是否真的如此？还是另有原因？因此，检验我国农业机械化近年来的快速发展的成就，究竟是否是，以及在多大程度上是由我国农业机械购置补贴引起的？哪些其他因素对我国农业机械化水平提升有积极的作用？这些问题也就成为本部分研究的主要内容。

二　理论分析及假设提出

(一) 政府补贴对农户农业机械购置的影响

政府实施农业机械购置补贴的主要目的是鼓励农业从业者购买农业机械，推动农业生产中机械要素对劳动力要素的替代，并促进我国农业机械行业的技术不断提升，进而加快我国农业机械的发展，从而推动我国农业现代化的进程。因此从直观上来讲，不考虑外界的影响因素，农业机械购置补贴主要面对的直接对象有两个方面，一方面是购买者，另一方面是供应者。购买者包括补贴政策规定的购买对象，共有四类主体：个体农户、农场农户、农业机械专业户和直接从事农业生产的农业机械作业服务组织（这里统称为农户）；供应者主要就是生产厂商与销售商。补贴政策实施对消费者影响的效果，我们可以从一般的消费者效用曲线的角度来分析，政府农业机械购置补贴对于购买者农业机械需求的影响如图 5-4 所示。

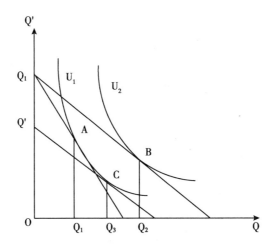

图 5-4　农业机械购置补贴对于购买者需求影响

从图 5-4 中可以看到，该坐标的横轴用 Q 来表示，代表农业机械补贴品的数量。纵轴用 Q' 表示，代表非补贴品的数量。在没有对农业机械购买者进行补贴前，农业机械市场的均衡点为 A 点，这点表示在给定的购买者收入水平以及在均衡价格条件下，购买者在此处达到了效用的最大化，市场购买量为 Q_1。引入政府农业机械购置补贴后，购买者的预算约束曲线将向右移动，如果农业机械购买者只是购买非政府农业机械补贴产品的话，其购买的数量并没有什么变化，但购买者如果购买补贴农业机械的话，就可以购买到更多的农业机械，也就是农户的购买资金额增加。在图 5-4 中，购买者的预算约束线与其无差异效用曲线相切在 B 点，该点比 A 点的效用高。另外，不考虑补贴情况下，由于政府补贴的农业机械相对价格降低，农户将会增加对补贴农业机械的购买规模，原来的市场均衡点会从 A 点沿着等效用曲线 U_1 移动到 C 点，这个时候农业机械购买的规模就从 Q_1 提升为 Q_3，这是由于农业机械购置补贴而带来的替代效应。而政府补贴引起的购买者资金额度提高的收入效应，导致购买者的预算约束线向外移动到更高的位置，它与购买者的无差异曲线相切点在 B 点，这时对应的购买规模是 Q_2，而图中购买规模从 Q_3 到 Q_2，是政府的农业机械购置补贴导致的收入效应，从而引起购买规模的提高。

因此，从图 5-3 以及相关分析可以发现，政府的农业机械购置补贴对于农户购买农业机械的影响既有替代效应，又有收入效应，从而促进了农户购买农业机械的数量规模。

综合农业机械购置补贴相关文献研究，再加上对于农业机械购置补贴对消费者购置农业机械的效用与需求的理论分析，本书提出如下假设：

假设一：政府农业机械购置补贴对农户的农业机械购置产生积极的影响。

（二）农户特征对于农户农业机械购置影响

我国农业机械购置补贴的对象有四类，分别是农民个人、农场职工、农业机械专业户和直接从事农业生产的农业机械作业服务组织。虽然本书对他们统一简称为农户，但实际上这几个不同的群体在购买农业机械的决策目标和决策依据上，是有很大差异的。因此，农业机械购置补贴对于他们的作用效果也会有很大差异，甚至是根本的不同。

农户购买农业机械的决策取决于两方面的权衡。一方面，购买农业机械投入的成本和购买农业机械后使用收益需要权衡。如果使用农业机械获得的收益大于投入成本的话，那么，农户就会倾向于购买农业机械。另一方面，从事农业生产的收益与从事非农业生产的收益需要权衡。当然，还有其他一些次要的影响因素，如生活环境的考虑、退出农业生产的沉没成本、从事农业生产时的劳动力不足、农民的家庭收入水平、农户的金融约束等问题。

对于农民个人和农场职工来说，绝大部分人的农业土地耕种面积小，购买使用农业机械的效率和规模相应来说会比较小，他们对自己的土地耕种获得的产值与收益也比较小，同时又得负担常年农业机械维护的费用，导致这两类农户购买并拥有农业机械显得得不偿失。因此，农业机械购置补贴虽然能够降低他们的购机投入时的成本，但成本降低的收益若无法有效地补偿他们付出的购买成本与维护成本，那么农业机械购置补贴并不能促进他们对农业机械的购买意愿。另外，由于当前我国城乡之间不论是收入水平差距还是地区生活条件差距都在不断扩大，大量普通农业劳动力向城镇的非农产业迁移。因此，从这个方面讲，农业机械购置补贴不一定能对普通农户的农业机械购买意愿产生积极的影响。

而对于后两类补贴对象即农业机械专业户和直接从事农业生产的农业机械作业服务组织来说，他们的农业机械服务对象是本地区乃至更大范围内的农户，他们为对方提供专业的农业机械耕种、收获等生产服务。农业机械购买后使用的规模和效率相对来说要高很多，获取的农耕服务收益也会比较大，该收益会帮助他们获得超出农业机械使用成本的利润。此外，我国城乡收入差距与生活水平的差距不断拉大导致更多农业劳动力向城镇非农产业的迁移，农业劳动力减少进一步为后两类补贴对象提供农机专业服务的机会，规模效应会进一步提升农机服务效率和效益。而国家提供的农业机械购置补贴让农户低成本购买农业机械成为可能，进一步激励他们扩大农业机械服务规模。因此可以推论，这后两类农户在国家农业机械购置补贴的激励下会购买更多的农业机械。

在补贴和非补贴情况下不同农业机械购买群体的特征对其购买行为的影响，在以往也有不少研究。Mines 和 Janvry（1982）在对墨西哥农户的研究中发现，农村的青壮年劳动力往往更愿意外出到其他产业去从事劳动，而他们的工作收入主要被用于自身的直接消费，而他们的土地往往是留给年老的父辈或不适合在非农产业工作的亲属经营，这些留守劳动力一是没有足够的能力，二是也没有足够的激励去进行有利于提高长期农业生产力的相关生产资料的投资。Wu 和 Meng（1997）属于国内比较早研究我国农民外出务工对农业生产性投资影响的学者。他们在研究中发现，我国农户收入中非农收入所占份额的增加反而会导致农户在农业生产资料购买上的投资支出会显著减少，认为这不利于我国农业生产的可持续发展，从长期看，也会对我国粮食安全产生不利的影响。刘承芳和张林秀（2002）在对江苏省六县（市）进行了农业劳动力转移及其对农业生产工具投资影响的实证分析后，认为农户家庭非农就业劳动力的比例是影响农户农业投资的一个显著的消极因素。Zhao（2002）的研究则发现，农业劳动力外出务工并没有引起农业机械投资的显著增加，倒是回流者倾向于更多地投资于农业生产。该研究认为，应多关注农业劳动力回流农村从事农业投资经营给农业生产带来的影响。

对于影响农业机械购买行为的一些其他研究也有不少成果，如张为杰（2009）进行了相关研究，指出农业机械化水平与农村金融发展水平、耕地规模和农民人均收入水平等相关，认为提高农民人均收入，加强农村金融建设，能促进农业机械化的发展，并有利于建立现代农业。冯建英等（2006）也从心理学的角度探讨了农户的农业机械购买意愿，其研究结果表明，农业劳动者的受教育水平、政策因素影响、家庭收入水平和农业劳动力的购买认知会显著影响农户的农业机械购买意愿。

综合以上对农机购置补贴以及农户农业机械购买行为的理论分析，以及一系列国内外研究的结果，本书认为，在近年我国农业劳动力不断加速流出农业生产、向城镇非农产业转移的背景下，农业劳动力的缺乏也推动了农机购置补贴的第三和第四类补贴对象的农业机械购置数量不断增加，规模不断增大，而原来的第一、第二类农户由于家庭金融约束，并且有足量的农业劳动力，他们购买农业机械并不积极，所占比例很小。当这些农户家庭的青壮年劳动力在政府放宽对农业人口迁移的政策约束后，在城乡收入越来越大的差异下纷纷选择外出从事非农就业，导致其农村家庭劳动力缺乏，进一步推动了第三、第四类农业机械专业户购买农业机械的热情，国家农业机械购置补贴进一步鼓励了农业专业户对农业机械的购买，推动了我国农业机械化水平的不断提升。因此，本书提出以下假设：

假设二：农村劳动力转移对提高农业机械的使用规模有积极作用。

三　计量模型设定

根据上文的理论分析和研究假设，并考虑其他影响因素，本研究构建以下回归方程：

$$Mech_t = c + \beta_1 Out_{t-1} + \beta_2 Subm_{t-1} + \beta_3 lgAgri_{t-1} + \beta_4 Hc_{t-1} + \mu_t$$

$$(5.5)$$

被解释变量（Mech）表示农业机械购置规模，可以用农村的农业机械总动力数据、当年主要农业机械拥有数量或者综合农业机械化率来表示，方程右边的 c 为常数项，解释变量（Out）为农业劳动力迁移率，农业机械购置补贴（Subm）可直接采用中央政府的农业机械购置补贴支出。根据以往的研究成果，引入其他控制变量，如农业经济规模（lgAgri，取对数）、农村人力资本（Hc）等。

另外，农业机械购置补贴并不一定是在当年购买时发生作用的，根据上文的理论分析，农户一般进行投入和收益的比较，因此，补贴和购买有滞后期。从历年的购买特征看，农业机械市场销售的旺季往往是从每年春节过后直到"三夏"开始的这段时间，这个区间段农业机械生产销售企业一般会实现全年 60%—70% 的销售收入。而这个季节之后，农户的农业机械购置意愿会淡化，大多数农户会等下一年再购买，有的农户甚至会取消原先的购机意向。近年来，虽然中央财政早在春节前就将首批补贴资金公布下达各省市自治区，然而，一些省区的补贴方案却总是姗姗来迟，而且一年比一年晚。所以农业机械购置补贴在回归中取滞后一期值。

考虑到各个解释变量对于农业机械购买的滞后性，在回归分析过程中可能存在内生性问题，本研究对其他解释变量和控制变量也都进行了滞后一期的处理。

四 变量选取与数据说明

本研究各变量数据均来自相关国家年鉴以及相关政府部门的网站，数据跨度为实施农业机械购置补贴后的 2000—2013 年。

（一）被解释变量

农业机械总动力：农村用于农业生产的各种农业机械动力的总和，数据来自《中国统计年鉴》。

主要农业机械拥有数量：农村拥有的主要农业机械的数量，包括大中型农用拖拉机和小型农用拖拉机，数据来源于《中国统计年鉴》。

综合农业机械化率：农业生产中使用农业机械占农业劳动总量的比例，数据来源于《中国农业机械工业年鉴》，中国农业综合机械化率公式是：

$$U = 0.4 \times C_1 + 0.3 \times C_2 + 0.3 \times H \qquad (5.6)$$

其中，U 为综合机械化水平。C_1 为机耕率，即机械面积占耕地总面积的比率；C_2 为机播率，即机械播种面积占耕地总面积的比率；H 为机收率，即机械收割面积占耕地总面积的比率。

该数据权重由农业部农业机械化司确定，该数据来源于《中国农业机械工业年鉴》以及农业部网站。

（二）解释变量

农业机械购置补贴：政府对农户购买农业机械所给予的补贴金额数，只考虑中央政府的补贴支出，数据来源于农业部网站。

农业劳动力迁移率：农业劳动力向非农就业转移的比率，考虑到我国近年来计划生育政策的实施及每年实际劳动力人口的变动因素，参考 Larson 和 Mundlak（1997）的方法，先假定在不发生劳动力迁移的情况下农业和非农业劳动力数量会发生同步增长或减少，在这个基础上计算发生的增长比率的偏差归因于劳动力的迁移，因此，可以采用以下的公式来估计劳动力迁移率。

$$m = \left[L_{1t-1}(1 + n) - L_{1t} \right]/L_{1t-1}$$

其中，$n = (L_t - L_{t-1})/L_{t-1}$ 是总体劳动力数量的增长率。

农业劳动力数量、劳动力人口自然增长数量的数据均来自《中国统计年鉴》。

农业产业规模：第一产业的不变价国内生产总值，数据来自

《中国统计年鉴》。

农村人力资本：采用农村劳动力的平均受教育年限表示农村人力资本状况，将教育层次定义为 5 级，根据不同受教育年限劳动力所占比例作为权重计算农村人口的平均受教育年限。将教育层次定义为以下 5 级：（1）文盲半文盲，受教育年限为 1 年；（2）小学文化程度，受教育年限为 5 年；（3）初中文化程度，受教育年限为 8 年；（4）高中文化程度，受教育年限为 11 年；（5）大学专科及以上，受教育年限为 15 年。

非农业劳动力与农业劳动力收入比：非农业劳动力与农业劳动力收入的比值，比值越大，收入差距也就越大，也就越能吸引农业劳动力向非农产业迁移，数据来自《中国统计年鉴》。

其他说明：由于 2013 年的各相关统计年鉴中缺乏个别变量的数据，因此，本书进一步查询农业部网站、财政部网站、国家统计局网站并获取数据。

首先对研究数据进行描述性统计分析（见表 5-4）。

表 5-4　　　　　　　　　　相关变量描述性统计分析

变量	含义（单位）	均值	最大值	最小值	标准差
LgDyn	农业机械总动力（亿瓦，取对数）	4.874	5.017	4.721	0.102
Out	农业劳动力迁移率（%）	3.939	6.394	−0.158	2.089
Subm	农业机械购置补贴（亿元）	68.786	217.500	0.200	88.094
RI	非农业劳动力与农业劳动力收入比	5.635	6.353	4.159	0.654
Hc	农村人力资本（年）	7.205	7.480	6.830	0.229
LgAgri	农业经济规模（亿元，取对数）	4.442	4.757	4.174	0.201
LgDz	大中型拖拉机拥有量（万台，取对数）	6.305	6.722	5.919	0.300

注：本表与表 4-1 部分数据有出入。这是因为表 4-1 样本时间为 2004—2013 年，而本表的样本时间为 2000—2013 年。

相关数据的统计特征见表5-4，从表中数据可以看到，城乡收入差距的倍数一直较大，均值达到了5.63，并且一直维持在较高的水平，这也部分解释了为什么农业劳动力迁移率（均值3.94%）近年来一直维持高位，农业产业规模多年来也同样增长幅度不大，其最大值与最小值差距很小，这也说明了农业在国民经济总体中所占比例在降低。

五　计量结果与分析

采用上面的变量数据进行回归分析，得到结果如下表5-5所示。

表5-5　　　　　　农业机械购置补贴等对农业机械购置的回归结果

	方程一	方程二	方程三	方程四
	LgDyn	LgDyn	LgDyn	LgDz
Subm	0.0012 *** (5.829)	0.0007 ** (0.278)	0.0008 ** (1.506)	0.0005 ** (1.163)
Out	0.1116 *** (2.439)	0.1294 *** (1.099)	—	—
RI	—	—	0.1700 ** (3.241)	0.2600 ** (3.645)
LgAgri	—	0.5070 *** (3.645)	0.3930 *** (1.473)	0.3540 *** (4.486)
Hc	—	0.1430 *** (4.368)	0.0340 *** (0.881)	0.0740 *** (0.972)
c	4.8268 *** (273.5415)	1.8320 *** (6.248)	3.3831 *** (6.248)	2.5860 *** (7.762)
调整后的 R^2	0.8180	0.9540	0.9710	0.9430
F 值	31.529 ***	446.790 ***	1104.920 ***	981.640 ***

注：*、**、***分别表示在10%、5%和1%显著性水平下显著。

相关政府部门与农业专家一致认为，农业机械购置补贴极大地提高了对于我国农业机械化水平提高有重要的促进作用。表5-5显示了农业机械购置补贴对于农业机械化水平的影响，方程一中采用了农业机械购置补贴（Subm）、农业劳动力迁移率（Out）两个解释变量对农业机械总动力进行了回归，结果显示这两个变量都对农业机械总动力的拥有量产生了积极的影响，同时，方程一中调整后的 R^2 达到了 0.818，有较好的解释程度。方程中的回归系数表明，农业机械购置补贴每提高 1 亿元，将促进农业机械总动力提高0.0012%，也就是说，尽管农业机械购置补贴能对农业机械购置产生积极影响，从统计数据来看，影响的幅度比较小。方程二加入了一些有关的控制变量再次进行回归，与方程一类似，结果依然显著，但农业机械购置补贴对农业机械总动力影响的程度依然微弱。方程二加入控制变量处理后方程的调整后的 R^2 达到了 95.4%，方程F 值显著。这个回归结果从一定程度上解释了政府农业机械购置补贴这些年来一直呈现大幅提高的现象，而农村农业机械化综合水平、农业机械总动力水平这些年虽然也一直保持平稳增长，但是并不因为农业机械购置补贴的大幅提高而出现显著的加速增长。因此，这个统计分析结果也为我们提出了进一步要解释的问题：农业机械购置补贴占农业机械销售规模的 5% 左右，而它对农业机械化的提高产生的作用却不明显，由此分析其中的原因，提高农业机械购置补贴的效率，是在实施农业机械购置补贴时亟待研究的内容。

　　书中分析指出了农业劳动力的向外迁移也会对农业机械购置产生积极的影响，从方程一中可以看到，农业劳动力迁移率增加 1 个百分点，农业机械总动力会增加 0.1116%，当方程二控制了有关影响变量后，影响为 0.1294%。这个结果说明，农业劳动力向外迁移，可能会导致农村农业劳动力供给不足，出于成本与收益的考虑，虽然个体农户不一定会购买农业机械，但是农业机械专业户却有了更大的农业机械服务市场，因此，他们会购买并提供更多的农业机械服务来填补劳动力转移后的农业生产市场。

在方程二、方程三、方程四中，加入农业产值规模、人力资本等变量后，农业机械购置补贴的效应依然显著，但是它对农业机械化水平的影响也有所减弱，同时，调整后的 R^2 值都提高到 0.94 以上了，说明这几个回归方程的拟合程度得到较大的改善，拟合效果良好。

以上结果支持了本书研究的假设一和假设二。

作为稳健性检验，我们在方程三中对变量农业劳动力迁移率进行了替代，替代变量是非农业劳动力与农业劳动力收入比（RI）。这个变量的值越大，说明从事非农产业的收入越高，对农业劳动力人口迁移的影响力度越大，导致的迁移也就会越多，所以采用它作为替代变量。回归结果显示，该方程回归效应依然显著，各解释变量的影响效应没有什么大的变化。

进一步，我们对被解释变量进行了替代，采用大中型农业机械规模的变量对被解释变量农业机械总动力进行了替代，方程四的回归结果显示回归效应稳健。另外，本研究也使用了小型农业机械的规模作为被解释变量进行替代，结果依然稳健。

六　结论

在本部分的研究中，在我国农业机械化发展以及 2000 年以来国家对农业机械购置实行补贴的现状进行相关研究与理论分析的基础上，试图探索我国农业机械购置补贴对农户如何产生影响、影响效果如何的问题，以及近年来农村劳动力的大规模转移又对农户购置农业机械以及农业机械化发展有什么影响。针对这些问题，本书进行了理论分析并提出了研究理论假设。

利用我国 2000—2013 年的农业相关数据，本书对提出的理论假设进行了检验，统计结果表明，我国农业机械购置补贴对于农业机械总动力的影响效应积极而显著，对于大型拖拉机的拥有量也有积极而显著的影响，但是在数量级上，农业机械补贴的影响系数较小。这个结果支持了本书的理论假设一，也就是我国农业机械购置补贴产生了符合补贴目标预期的影响。

在农户购置农业机械的决策中，国家农业机械购置补贴尽管有积极的作用，但是对于不同类型的农户，由于他们购买农业机械的目的和使用效率有很大的不同：个体农户购买农业机械只是为其家庭的农业生产服务，使用成本高，利用效率低；而农业机械专业户购买农业机械是为众多农户的农业生产提供农业机械服务，其使用规模大，使用成本低，并且为农业生产效率的提高发挥了积极的作用。同样地，本书进行了假设二的检验，结果表明，农业劳动力的迁移对于农户的农业机械购置同样有积极而显著的影响，在回归检验中，其回归系数的在 0.1 以上，这一结果支持了本书的研究假设二，也就是农业劳动力迁移对于农户购机行为有积极的影响，说明在个体农户、农场农户、专业农机户和直接从事农业生产的农机作业服务组织 4 个群体中，专业农业机械农户更愿意购买农业机械，并且更加容易直接受益于政府的农业机械购置补贴，因此，如何对待农业机械专业户的购机补贴管理，如何促进不同农户在获得财政补贴后能进一步提高农业机械的使用效率，促进我国农业机械化的发展，这也是政府在实施农业机械购置补贴中需要关注的一个重要内容。

因此，本章研究的主要结论是：一方面，我国农业机械购置补贴对于我国农业机械总动力的影响效应积极而显著，对于大型拖拉机的拥有量也有积极而显著的影响，但农业机械购置补贴的影响系数较小。另一方面，农业劳动力迁移率对于农户购机行为也有积极的影响。也就是农业劳动力迁移率越高，越需要专业农户购买农业机械来对劳动力进行替代。

以上研究结果，首先肯定了政府为农村机械化发展做出的大量工作努力，政府财政对于农业机械化发展所做出的大量支持。同时，也对政府农业机械购置补贴的各方面目标设定、过程管理、制度建设等工作的调整与完善提出了更迫切的要求，要求政府部门必须不断深入去分析和发现可能存在的问题，不断修正和完善政府农业机械购置补贴管理工作中存在的问题。

我国各级政府在我国农业机械化的发展中，担负着非常重要的任务和责任。在相关政府工作报告中，也通常会反复强调政府部门要勇于挑起这个重担，并把它挑好。政府部门清醒地认识到，并总是高度重视、着眼长远，不断地强调农业机械化的重要历史使命，政府的各级农业机关也一再发起各类课题和行动，做出大量的工作努力，为我国农业机械化事业的发展做出了许多重大的贡献。同时，本研究的结果还说明，我国农业机械化的推广与技术升级还任重道远。

第六章

粮食生产补贴对我国粮食全要素生产率的影响

为了保障我国粮食的生产与供应，提高种粮农民的收入与积极性，我国从 2004 年起对粮食生产采取了粮食生产补贴制度，粮食生产补贴包括了粮食直接补贴、农业机械购置补贴、良种补贴和农资综合直接补贴四类，补贴力度在十多年来也不断增大，充分体现了政府的工业反哺农业、促进农业粮食生产水平不断提高的政策思路。那么，该政策十多年来的实施有没有达到其预期政策目标？其实施效果究竟如何？这对于明确了解我国政府的粮食生产补贴政策的绩效，对原有政策下一步继续执行和进行适当的调整，都有着重要的理论意义和实践意义。前文的实证研究结果表明，粮食生产补贴对粮食生产的投入要素具有显著的作用，其中，粮食生产补贴对农业劳动力的迁移有显著的消极作用，对农业机械总动力的提高有积极的效应。综合以上结果，粮食生产补贴对粮食生产的资本要素和劳动力要素投入会产生显著的影响。那么，还需要进一步探讨的就是，粮食生产补贴对于农业粮食生产的产出有什么影响，是如何产生这个影响的？粮食生产全要素生产率是对投入产出效率进行衡量的一个重要的工具，为此，本书以下研究主要包括两个方面内容：首先对粮食生产补贴实施十年来我国主粮的全要素生产率变化状况进行测算；其次，在此基础上，进一步探索粮食生产补贴对于我国主粮全要素生产率的影响，以及通过什么途径产生的影响。

第一节　我国粮食全要素生产率的发展状况

农业作为国家经济的根本，一直受到中央政府的高度重视，并一再成为中央一号文件的主题内容。我国从2004年以来，不仅改革农业税，而且对农业的补贴逐年增加，尤其近年来在粮食安全问题提升到国家总体发展战略高度的背景下，粮食生产补贴也是大幅增长。我国粮食生产是否能够得到可持续的发展，国家粮食安全问题如何保障等，都是我们面临的紧要问题。而不断提高我国农业全要素生产率（Total Factor Productivity，TFP），对于我国粮食生产的健康发展，促进我国农业产出的增长有着重要的意义。

我国粮食生产补贴实施十年来是否实现了其政策支持效果，是否有贡献于国家粮食生产的发展，即是否促进了我国粮食生产率的进步，粮食生产全要素生产率是一个对粮食生产效率和技术进步进行描述的强有力的表达指标。为此，本部分内容安排如下：首先，介绍基于确定性前沿生产面对生产的投入与产出进行效率估计的方法，即 Malmquist 指数法；其次，通过对以往我国农业与粮食生产全要素生产率的相关研究进行回顾，为研究提供理论、方法与指标选择的参考，在此基础上，将对本书选择的指标进行说明和描述；最后，对我国实施粮食生产补贴十年来主要粮食全要素生产率的发展变化状况进行测算，并对结果进行讨论。

一 全要素生产率及其计算方法

经济学研究在对经济单元的发展水平与效率进行理论分析与比较的时候，常需要对经济体或者经济单元的生产效率、增长效率进行研究，但往往面临着经济单元中生产投入要素众多，产出也存在多样化方式的问题，从而难以对这些投入与产出准确描述。为此，在 20 世纪 60 年代以索洛等为首的一些经济学者提出了全要素生产率这一个概念，来对生产活动中的生产率、经济增长的实际性质和增长水平进行界定与分析，全要素生产率常常也被称为技术进步率。作为一个衡量技术进步在生产中所发挥作用的指标的理论概念，它包括了组织管理水平、规模经济、教育、知识进步、技术水平提高、技术培训等方面的改善，它是表示生产效率水平的一种指标，而不能把 TFP 具体化当成有形的、效率更高的资本与装备、更为肥沃的土地、蕴含了更高技术与科学水平的劳动等生产要素的投入量增长，所以通常它又会被称为非具体化的技术进步。所以说 TFP 是指某项经济活动的所有生产要素（如土地、劳动、资本等）的投入量不变情况下，该经济活动的生产总量仍能增加的部分的比例。因此，TFP 不是指经济活动中所有投入要素的生产率水平，"全"在 TFP 这个概念中表示某项经济活动的增长中不能归因于该经济活动中有形生产要素的增长的部分。因此，TFP 通常被用来衡量经济活动中所有投入有形的生产要素一定的条件下，完全是技术进步而引起的生产率的增长。

一般来说，全要素生产率的估算方法可归纳为两大类：一类是增长会计法（growth accounting approach），另一类可称之为经济计量法。其中，增长会计法以新古典增长理论为基础进行统计处理，它的计算过程相对直接简单，它所计算考虑的因素相对要小，但该方法的主要缺点是假设条件比较高，计算就显得比较粗糙；相对来说，经济计量法能够采用适当的经济计量模型对全要素生产率进行恰当的估算，对各种影响因素考虑得相对全面，不过其计算也相对复杂许多。

增长会计法的计算依据是新古典增长理论，该方法采用一定的函数形式对经济体活动的投入和产出关系进行表示，并根据经济活动中各相关要素的投入、经济活动生产率的增长以及产出增长间的数量关系来计算 TFP。通常增长会计法的基本思路是：首先，就经济活动提出一个相应的生产函数形式（如：柯布—道格拉斯生产函数），并在这个函数中代入经济活动样本的相关数据进行计算，以求得总量生产函数的具体参数，之后，得出具体的生产函数；其次，在此基础上，采用产出增长率减去各种投入要素增长率后的残差，把它作为 TFP 的增长。从这个计算过程来看，增长会计法是一种指数方法，而该方法又可以按照指数设计方法的不同，分成代数指数法和几何指数法（或者索洛残差法）。

经济计量法中的生产前沿面法近些年来引起了学者的关注。该方法采用的构造生产前沿面的生产函数通常具有投入或产出的最优性质，它是通过对生产过程的实际值与最优值进行比较从而得出 TFP 的方法。生产前沿面法根据其构建经济活动的生产前沿面的差异，通常又分为确定性生产前沿模型法和随机性生产前沿模型法。两个方法中，确定性生产前沿模型法在近年来得到了广泛的使用。

生产前沿面法依据是否设参数，又可分成两类：一类是参数法，另一类是非参数法。与参数法相比，非参数法是近年来得到广泛运用的一种全要素生产率的生产前沿面计算方法。非参数法的特点是，不需要在计算 TFP 前先确定具体的生产函数形式。该方法利用线性规划等数学思想，首先确定经济活动的生产前沿面，设定依据是对该经济活动进行观测，确定有效生产点。在非参数法中，数据包络分析（Data Envelopment Analysis，DEA）在目前研究中运用得相对普遍。该方法确定实际观测点之后，构建符合生产有效性的生产前沿面，在此基础上，计算出经济活动单元的效率。与参数法比较而言，非参数法的主要优点是不用考虑对经济活动建立具体函数形式，也不用考虑参数估计方法使用过程中的参数有效性和变量间的多重共线性，该方法中 TFP 的计算纯粹依赖于经济活动中各类投入产出的相关数据来对效率值进行计算。该方法的缺点是，在计算中需要对经济活动的生产前沿面进行确定，那么经济活动中的其他不确定性的因素就没有得到充分考虑，导致了这种方法考虑得不够周全。

数据包络分析法是目前得到广泛运用的确定性生产前沿模型法的一种，这种计算方法的基本思想是首先把被评价的经济活动体当作是一个决策单元（Decision Making Units，DMU），其次对 DMU 在经济活动中的各项投入与产出指标进行分析评价，从而确定该 DMU 的有效生产前沿面，最后根据各个经济活动的决策单元与有效生产前沿面间的距离，对各 DMU 的综合投入和产出与生产前沿面的距离是否符合效率原则进行确定，也就是判断该活动生产投入产出是否有效。与随机前沿生产模型法比较而言，该方法的显著优点在于，它不需要采取复杂而多样化的具体函数形式以得到生产前沿面，而只是采用了线性规划的方法。当然，DEA 方法也有其方法上的欠缺：第一，该方法不能对测量误差和其他外界影响因素进行综合考虑，而这些影响因素也通常会对生产前沿面产生影响；第二，

DEA 方法忽略了测量的误差因素，它把观察值到生产前沿面的偏差都认为是没有效率，这也会产生偏差；第三，需要对各项投入和产出要素进行识别界定，如果把重要的投入或产出遗漏会引起结果的偏移。

因此，本书将运用基于数据包络法的 Malmquist 指数方法，这种方法近些年来已被广泛应用在对经济活动的 TFP 计算中。下面对 Malmquist 生产率指数法进行说明。

作为非参数法的 Malmquist 指数方法的计算思路是，设定经济活动单元在 t 期的技术条件，从 t 期到 t+1 期的 Malmquist 生产率指数为：

$$M^t = \frac{D_o{}^t(x^{t+1}, y^{t+1})}{D_o{}^t(x^t, y^t)} \tag{6.1}$$

在式（6.1）中，D_o^t 是根据经济活动的产出得到的距离函数，其中的 x 和 y 分别代表着经济单元中的投入指标、产出指标。根据这个思路，也同样可以得出，在 t+1 期的技术条件下经济活动单元从 t 期到 t+1 期的 Malmquist 生产率指数为：

$$M^{t+1} = \frac{D_o{}^{t+1}(x^{t+1}, y^{t+1})}{D_o{}^{t+1}(x^t, y^t)} \tag{6.2}$$

费尔（Fare，1994）等计算出式（6.1）和式（6.2）的几何平均值，并把该值当作从 t 期到 t+1 期经济单元的 Malmquist 指数，表示为：

$$M^o(x^{t+1}, y^{t+1}. x^t, y^t)$$
$$= \left[\left(\frac{D_o{}^t(x^{t+1}, y^{t+1})}{D_o{}^t(x^t, y^t)}\right)\left(\frac{D_o{}^{t+1}(x^{t+1}, y^{t+1})}{D_o{}^{t+1}(x^t, y^t)}\right)\right]^{\frac{1}{2}}$$

$$= \frac{D_o^{t+1}(x^{t+1}, y^{t+1})}{D_o^t(x^t, y^t)} \times \left[\left(\frac{D_o^t(x^{t+1}, y^{t+1})}{D_o^{t+1}(x^{t+1}. y^{t+1})} \right) \left(\frac{D_o^t(x^t, y^t)}{D_o^{t+1}(x^t, y^t)} \right) \right]^{\frac{1}{2}}$$

（6.3）

这个等式中，第一项为 $\dfrac{D_o^{t+1}(x^{t+1}, y^{t+1})}{D_o^t(x^t, y^t)}$，这个分式表示经济活动单元技术效率的变化，标记为 TE。这个指标表示，经济活动单元与潜在最优生产可能边界从 t 期到 t+1 期的在距离上的改变程度，用算式表示就是在 t+1 期该经济活动单元的投入产出与有效率生产前沿面的距离除以经济活动单元在 t 期与有效率的生产前沿面的距离。如果计算结果得到的 TE> 1，就说明经济活动单元更加接近生产前沿面的边界，说明经济活动单元相对技术效率较高，而且，这个指标还能进一步分解，得到两个值的乘积，这两个值分别是经济活动单元纯技术效率的变化（PE）和规模效率变化（SE）。

亦即：

TE = PE×SE   （6.4）

在式（6.3）中，它的第二项 $\left[\left(\dfrac{D_o^t(x^{t+1}, y^{t+1})}{D_o^{t+1}(x^{t+1}, y^{t+1})} \right) \left(\dfrac{D_o^t(x^t, y^t)}{D_o^{t+1}(x^t, y^t)} \right) \right]^{\frac{1}{2}}$ 表示经济活动单元技术水平的变化，这里用 TP 来表示，这个值意味着随着经济活动单元的技术水平发生了改变，经济活动单元的生产可能性边界也会发生位移。如果 TP> 1，就表明经济活动单元的技术水平得到了提高，生产前沿面向外位移。

式（6.1）和式（6.2）的几何平均值，就是经济活动单元的 Malmquist 指数，通常用 TFP 来表示，TFP 的值就用于表征经济活动单元在 t 期至 t+1期全部投入产出的生产率的变化水平。

　　本书中使用 Malmquist 指数测算农业全要素生产率，优势之处主要表现在：第一，建立经济活动单元的具体生产函数形式往往对于研究者来说是个挑战，诸多外界与内在因素的影响导致所建构的生产函数常常存在偏差，而采用 Malmquist 指数方法避免了这种设定误差。第二，在经济活动单元中，其投入产出通常具有多个不同类别的指标，投入产出的样本也通常较多，使用 Malmquist 指数方法，不用担心各个投入产出指标间的可比性问题。第三，运用 Malmquist 指数法进行投入产出指标的不一定要用价格数据计算，只是需要对同类别的投入、产出采用相同的数量单位进行比较。这个优势在本书研究中显得尤为重要，在以粮食亩产的投入产出指标进行计算时，农业机械化的运用难以找到准确的数据，而不同时期的粮食生产机械化率就成为计算 TFP 的一个良好指标。第四，在计算 Malmquist 指数中，还可以对效率进行分解，能把 TFP 分解成经济活动单元的规模效率和技术效率，为研究的进一步深入提供了有效的手段。而且，当前开发出计算软件，如 WinDEAP 软件可以直接对 Malmquist 指数进行计算，过程简单。

　　在本书我国粮食生产的 TFP 计算中，一方面粮食生产的多项投入要素价格与价格指数在历年间的变动幅度较大，并且各要素间的价格变化差异也大；另一方面粮食生产要素的价格会因各种计算口径以及政府不定期的价格干预政策导致失真。因此，对农业 TFP 的计算采用非参数法的 Malmquist 指数较为简洁有效，并且该计算方法还可以把 TFP 分解为经济活动单元的规模效率和技术效率指标，这些指标能反映出经济活动单元的技术进步与技术效率的变化，深化了对粮食生产效率的理论解释。因此，本书采用基于 DEA 的 Malmquist 指数方法对粮食生产全要素生产率进行计算。

二 农业全要素生产率相关研究回顾

由于农业技术进步对于农业经济发展的重要性，农业的全要素生产率近些年来一直是学者们研究的一个重点。农业生产过程通常包括了多种生产要素的投入，这些生产要素又可分为劳动、资本、土地三种。在农业生产过程中，各类生产要素之间存在相互的替代性，如果仅仅使用单要素生产率计算农业生产的生产率水平及其变动，难以得到全面、准确的结果。全要素生产率则充分考虑了农业生产过程中所有的生产要素，因此，这个指标对农业生产效率的表达较为全面而综合。这个指标，能够包括生产过程中的生产组织水平和生产技术水平的提高、生产创新和组织创新等，从多个不同角度对农业生产的效率进行描述。

因此，农业生产率的研究大量采用全要素生产率进行相关探索。Kawagoe 和 Hayamai 对 21 个发达国家以及 22 个欠发达国家的农业 TFP 在 20 世纪 60—80 年代的变化情况与变动特征进行了比较研究。其研究结果表明，在这 20 年间发达国家的农业生产率呈现出技术不断进步的趋势，而欠发达国家的农业生产率表现为停滞不前，甚至有的发生了显著的技术退步，这些因素成为影响不同类型的国家在农业生产率上高低的主要原因。Perrin 和 Fulginiti 采用 C-D 生产函数，对 18 个欠发达国家的农业生产状况进行了比较研究，对这些国家农业 TFP 的计算结果显示，这些国家中有 14 个国家存在着农业生产技术水平的下降，对其原因的进一步研究显示，这些国家农业生产机械和肥料等投入增加是产出增长的主要来源之一。类似的，Bathala 和 Appa Rao 也对 93 个发展中国家和发达国家进行了比较研究。他们在计算并分析这些国家在 20 世纪八九十年代的 TFP

的增减变化程度与变化特征基础上指出，在世界范围内农业生产率提高了 2.7%，而农业生产率提高的原因是全世界大部分国家的农业生产技术水平在这些年间有了显著的提高。

近些年来也有许多学者对中国的农业与粮食生产的 TFP 进行研究，出现了大量的研究成果。研究中通常是以农业的全部子行业作为一个整体，来进行整体的农业生产率研究，选择的投入产出指标也是涵盖整个农业的数据。在以往农业总体的 TFP 的计算中，研究者们采用的产出指标一般都为农、林、牧、渔所有子行业的总产值，而生产要素中主要是采用了劳动力、土地和资本三类。具体而言，包括了农作物播种面积、第一产业从业人数、有效灌溉面积、机械总动力、化肥施用量等。这些指标一个显而易见的好处就是很容易获得，数据在统计年鉴上能够全部找到，但缺点是这些数据过于笼统，过于粗略，难以对农业生产的真实投入进行准确反映。

在对国内农业 TFP 的研究中，马文杰（2010）指出，我国的农业产出这些年得到了不断的提高，这有三个主要原因，分别是农业技术进步、农业生产要素投入增加和农业制度的创新。他认为，20 世纪 80 年代，我国农业生产率出现了持续的提高，其原因主要是我国当时推行了农业家庭联产承包责任制的改革。而 McMillan 和 Whalley（1989）的研究提出了不同的观点，认为改革开放后中国农业生产率的提高，中国农业制度的改革虽然有所贡献，但这还不能完全解释中国农业生产率的提高，中国农产品的市场化程度的提高，促进了农产品价格的提升，激发了农民种粮的生产积极性，并成为中国农业生产率提升的重要影响因素。Yang 和 Wang（2003）进行了中国农业生产率的相关研究。他们指出，20 世纪末中国的农业生产率得到了显著的提高，一个非常重要的原因是，改革开放多年来，中国的农业生产技术在不断进步。Jin 等（2002）研究了农业生产率的变动情况。他们认为，在 20 世纪的八九十年代，中国农业科技的进步推动了农业生产率增长，为此，要提高农业生产率就应该加大农业科研投入力度，提高农业资本投入规模水平。他认为，这段时间内技术效率的不足阻碍了中国全要素生产率增长的速度。采用随机前沿生产函数，田维明（1998）估计了我国三种主要粮食生产的前沿生产函数以及其技术效率，结果显示生产效率在这个阶段有一定的提高。乔世君（2004）的研究发现，在 20 世纪 90 年代，中国粮食的技术效率平均下降了约 1%。孟令杰、张红梅（2004）采用数据包络分析方法计算了我国小麦生产 2002 年的整体技术效率，结果认为，中国小麦生产的效率在这个时间段有较大的进步。

陈卫平（2006）和李录堂（2008）研究均指出，我国农业生产的 TFP 总体来说有了一定的提高，原因主要是农业生产的技术进步导致的。此外，他们的研究也都指出，近些年来我国农业技术效率有一定的下降。陈卫平（2006）的研究认为，在 2003 年前的十多年里，我国农业技术效率下降了约 2.78%，而我国农业 TFP 年平均增长为 2.59%。李录堂（2008）研究指出，我国的农业 TFP 在1980—2006 年间一共增长了 33.4%。他们的研究之间表现出了较大的差异。曾国平等（2011）、白林（2012）、肖红波等（2012）对TFP 进行增长来源分析，他们的研究结果指出，我国农业 TFP 近年来有一定的增长，而农业生产效率的提高主要原因就是农业的技术进步所引起的，并且我国农业 TFP 增长与农业技术进步的方向是一致的。李磊等（2008）进行了类似的研究，其研究结果表明，近些年来我国的农业 TFP 一直呈现增长的趋势，不过他们的研究结果与其他学者的研究结果之间也存在较大的差异。

从以上对于我国农业全要素生产率的研究成果中可以看到，我国农业生产的 TFP 研究存在着许多不同的结论。虽然大多数研究认为我国农业 TFP 在近些年来呈现出提高的趋势，但对中国农业生产率的测算结果之间，存在着较大的差异。产生差异的原因可能有很多。如，以往粮食全要素生产率的计算通常采用的是广义的粮食投入与产出的指标，而不同的研究者对投入要素、产出的观察与界定的方法不同，以致不同研究者采用的宏观投入指标和产出指标往往有很大差异。因此，以往我国粮食全要素生产率的计算结果在不同研究之间的差异比较大。对全要素生产率进行测量的方法不同也会造成测算结果的差别。

总而言之，以往这些大量的研究成果为本书的研究提供了有益的参考，在此基础上，本书将采用 DEA-Malmquist 指数方法对我国农业粮食生产的 TFP 进行测算，对其各种生产效率因素进行分解。

值得说明的是，在选择具体测量指标时，考虑到使用全国的总量指标面临主观性相对较强等问题，并且使用总量指标计算的我国粮食生产的 TFP 存在很大的差异，所以本书选择全国主粮平均每亩投入产出为计算单元。我国主粮平均亩产投入产出都有详细的数据记录，这些记录见《全国农产品成本收益资料汇编》。为避免可选择指标较多、差异大的问题，本研究根据粮食的生产函数，尽量选择明确而客观的粮食生产投入和产出指标，产出指标是每亩粮食产量，投入指标主要是每亩投入的资本和劳动数量。

三　指标选择与描述

本部分研究的对象为粮食全要素生产率。为简化计算，这里选择三种主粮（水稻、玉米、小麦）为研究对象。产出指标只设一个，即全国主粮平均亩产；投入指标包括劳动投入与资本投入两类共四个指标，劳动投入是亩均用工数量，资本投入是亩均种子用量、亩均化肥折纯用量、亩均机械化综合率（即当年农业机械化水平）。上述指标中均为投入产出的数量水平而不含价格因素，避免了各类投入产出要素受到价格上涨幅度不同导致的实际计量投入的误差，并且这四个指标也相对充分地表达了粮食生产主要投入的劳动与资本要素。这些数据除了当年农业机械化水平的指标来自《中国农业统计年鉴》外，其他数据均来自历年《全国农产品成本收益资料汇编》。对数据（2001—2013 年）进行描述性统计分析，结果如表 6-1 所示。

表 6-1　　2001—2013 年全国主粮平均每亩投入产出的描述性统计

	单位	均值	中值	最大值	最小值	标准差
亩均产量	公斤	407.13	410.80	451.35	344.20	35.55
亩均用工量	日	8.63	8.18	12.00	6.17	2.01
亩均种子用量	公斤	6.80	6.67	7.40	6.46	0.35
亩均化肥折纯用量	公斤	21.43	21.28	23.44	19.14	1.40
亩均机械化综合率	%	43.78	42.50	60.00	32.10	10.27

从表 6-1 中可以看到，2001 年以来，我国农业主要粮食的亩均产量变化不大，中值为 410.80 公斤，标准差为 35.55 公斤；亩均种子用量、亩均化肥折纯用量变化也相对较小，一般都在均值的 10% 范围内变动；而亩均劳动用工数量和亩均机械化综合率变化都非常

大，最大值与最小值几乎都翻倍，图 6-1 进一步对这两者进行描述说明。

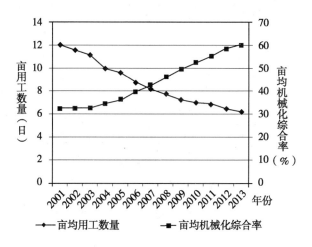

图 6-1　2001—2013 年粮食生产亩均用工数量和亩均机械化综合率

图 6-1 数据显示，亩均劳动用工数量 2001—2013 年呈递减趋势，减少为 2013 年的 6 人左右，而同时期的粮食生产的机械化水平从 30% 呈递增趋势到 2013 年增加到 60%，两类粮食生产的主要投入要素间呈现了此消彼长的格局。

图 6-2 进一步描述了粮食生产中的资本要素——亩均种子用量和亩均化肥折纯用量。

从图 6-2 中可以看到，亩均化肥折纯用量 2001—2013 年呈现不断缓步攀升的趋势，而亩均种子用量一直以来保持基本平稳。当然，种子虽然用量基本不变，但粮食种子中实际上蕴含着农业良种技术的科技发展，粮食种子中包含着良种科技对粮食全要素生产率的贡献。

而同时期，我国主要粮食的亩产量也呈现了波动性的上升，如图 6-3 所示。

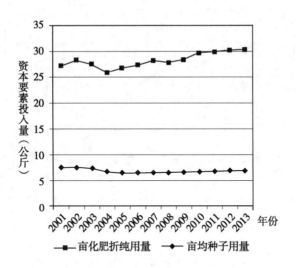

图 6-2 2001—2013 年粮食生产中亩均种子用量、亩均化肥折纯用量变化状况

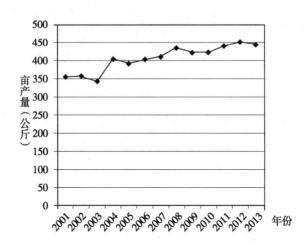

图 6-3 2001—2013 年我国主要粮食的亩产量变化

从图 6-3 中看到，我国主要粮食的亩产量在 2004 年有一个较大幅度的上升，在 2005 年有一个小幅度下降，在之后继续缓慢攀升至 2008 年的近 450 公斤，2009—2013 年的亩产量仍然在这个数值左右。

四　统计结果与讨论

本书采用 WinDEAP 软件对 2003—2013 年投入产出数据进行了全要素生产率的统计分析。得到 2004—2013 年 TFP 变化指数、技术进步变化指数（TE）、技术效率变化指数（PE）、纯技术效率变化指数（TP）和规模效率变化指数（SE）。2004—2013 年我国农业主要粮食的 TFP 变化及其 Malmquist 指数分解见表 6-2。

表 6-2　2004—2013 年我国主要粮食 TFP 指标与 Malmquist 指数分解

年份	TE	PE	SE	TP	TFP
2004	1.124	1.103	1.019	1.073	1.206
2005	0.968	1.018	0.951	0.993	0.961
2006	0.983	0.998	0.985	1.052	1.034
2007	1.012	1.008	1.004	0.996	1.008
2008	1.027	1.004	1.023	1.027	1.055
2009	0.975	0.988	0.987	0.992	0.967
2010	0.976	0.983	0.993	1.013	0.989
2011	1.013	1.032	0.982	1.015	1.028
2012	1.007	1.010	0.997	1.013	1.022
2013	0.973	0.968	1.005	1.016	0.989
总体变化率	0.050	0.110	0.945	0.206	0.266
后九年变化率	-0.074	0.007	-0.055	0.137	0.060

表 6-2 中数值显示，我国主要粮食生产的全要素生产率在实施粮食生产补贴的十年中发生了较大的震荡与增长，十年间的总体增长率是 26.6%。其中，在农业税试点改革以及开始实施对粮食生产进行补贴的 2004 年，全要素生产率增长幅度最大，增长 20.6%，当年的主粮生产的技术效率与技术进步都发生了显著的

增长，从当年 TFP 的计算数据中可以看到，当年的技术效率提高了 12.4%，技术进步也提高了 7.3%，说明当年初次试点的税收政策与粮食生产补贴政策对于农村的粮食生产与技术的提升在短期内产生了一个显著的积极影响，极大地激发了农民的生产积极性，提升了农业粮食生产的组织效率，促进了在粮食生产中新技术的推广和运用。2005 年全要素生产率出现了一个下降，仅为 0.961，技术效率和技术进步都不到 1，说明生产率在短期刺激下大幅提高之后的一个暂时回归，而在之后的数年中全要素生产率保持着震荡状态，没有显著的趋势性变化。这很大程度上可能是当年进行农业税试点改革而在短期内激发出巨大的、潜藏的农业生产能力的缘故。这从表 6-2 列示的"后九年变化率"中可以看到，2005—2013 年，我国粮食生产的技术进步累计提高了 13.7%，同期技术效率累计下降了 7.4%，而全要素生产率累计增长了 6%，平均每年增长约 0.7%。

同时，我们从表 6-2 中可以看到，在十年来生产率变化的总体指标中，技术进步指标更接近于全要素生产率变动的幅度，总体增长率为 20.6%，而同期技术效率的增长率为 5%，说明十年来全要素生产率的增长主要来源为农业技术进步，而技术效率对全要素生产率提高的贡献相对较小。其中，2004 年的技术效率提升了 12.4%，而之后的九年间技术效率大部分在 1.0 以下，实际上后九年技术效率总体上是负增长，说明技术效率在近些年没有对全要素生产率的增长做出贡献。从理论上说，技术效率只是用来对投入产出的效果进行衡量一个指标，也就是对于一定的投入，产出越高技术效率越高，反之则技术效率越低。一般认为，随着时间的推进，技术总是在进步的，因而，相同投入会创造出更多的产出。在本书中，技术变化不单是指农业生产技术的进步，也包括其他农业相关产业进步对农业生产的渗透和影响，以及农业生产环境变迁对农业生产的影响。通常来说，生产技术不具有可逆性，即生产技术一般是不会倒退。因此，从近些年我国粮食生产的技术效率来看，我国在农业粮食生产过程中，农业新技术的推广和运用、农业生产的组织方式创新等，都存在一定的问题，导致在农业技术水平提高的同时，农业全要素生产率没有得到相应的增长。这个统计结果与郑京海等（2005）、方福前等（2010）的研究相类似，他们研究认为，我国农业生产中技术效率改善的速度滞后于技术进步的速度，很可能是由于我国农业技术的利用和推广存在问题（例如农业技术推广、农业技术发展应用与农村人力资本不匹配）、农村金融体系的效率不高、财政支农资金的使用效率低等。这个研究结果促使我们进一步去思考：为什么我国不断加大农业科研、农业科学技术推广等科技的投入，结果却不如人意？

综合以上研究结果，即使不考虑我国 2003 年粮食大幅减产与 2004 年开始农业税试点改革对生产率的影响，我国近十年来农业主粮生产全要素生产率的增长年均也只有 2.66%，其中尤其是技术效率在 2004 年有了较大幅度的增长外（很大程度上是由于当时进行的农业税试点改革而激发出的潜在生产力），近些年大部分时间都是负增长，阻碍了农业粮食生产率的提高，这与我国粮食生产补贴的预期目标并不一致。实现我国粮食生产补贴的主要目标——稳定粮食生产的一个重要内容是必须依赖于粮食生产全要素生产率的提高，那么，我们就有必要进一步深入探究，粮食生产补贴究竟对于我国粮食生产的全要素生产率产生了什么影响，这将是本书下一节研究的内容。

第二节　粮食生产补贴对我国粮食全要素生产率的影响分析

从上一节研究的结果可知，从 2004 年我国农业税试点改革和实施粮食生产补贴政策以来，我国粮食全要素生产率在 2004 年有个大幅提高，之后增长极为缓慢。十年间，我国主要粮食的全要素生产率累计提高了 26.6%，其中，2004 年全要素生产率就提高了 20.6%，而这个数据与我国 2003 年粮食大幅减产与 2004 年开始进行农业税改革也有密切的关系。在之后的九年间，粮食全要素生产率提高极为缓慢，只是提高了 6%，而其中粮食生产的技术效率，在这以后的九年间，实际上反而是下降的。结合前文的研究结果，我国粮食生产补贴对于粮食生产要素的投入有着显著的影响效果，其中对从事粮食生产的劳动力向外迁移有显著的消极影响，这在一定程度上对于保留农业劳动力产生了积极作用。而对粮食生产中的资本要素投入，即农业机械，有着积极的影响作用。在粮食生产补贴对于粮食生产要素投入产生显著影响的条件下，可以推断粮食生产补贴可能也因此对粮食生产率产生显著的影响。为此，本书在这里试图进一步探讨，既然国家粮食生产补贴影响了农户粮食生产要素投入的数量和结构，那么，它是否会进一步影响我国粮食全要素生产率？它又是如何对我国粮食全要素生产率产生影响的？

基于以上研究目的，本部分探讨粮食生产补贴对粮食生产要素投入以及粮食生产技术进步的影响，继而建立农民种植粮食的收益方程，对粮食生产补贴影响粮食生产效率的过程进行理论分析，进而得出本书实证研究的命题假设；在此基础上，对研究数据与来源进行说明，再进行统计检验，并分析、讨论研究结果。

一　理论分析

（一）粮食生产补贴对我国粮食全要素生产率的影响

通过文献综述，我们发现学者们从不同角度分析我国农业 TFP 的影响因素时得出的研究结论不尽相同。这些研究中，有时即使分析的角度一致，但由于分析阶段以及数据处理差异，往往也会得到不同的结论。这种差异与数据选择方法、投入产出指标选择方式及数据处理方法均可能有关系。虽然以往的相关研究中，有许多实证结论是粮食生产补贴对于粮食生产率有消极作用，但是也有不少研究指出粮食生产补贴对粮食生产率有积极的影响，为此，本书试图进一步对粮食生产补贴所引起的粮食生产率变化状况进行理论分析。为此，本书在这里进一步建立农户在获得粮食生产补贴前后的两个不同收益方程模型，来分析粮食生产补贴对生产率的影响关系。

由于粮食生产补贴主要是以农户种植粮食的面积来进行发放的，所以这里首先考虑农户在补贴前的情况，假设农户种粮的计划是建立在价格基础上的，那么农户种粮的面积是一个关于价格的函数：

$$S_1 = a + bp \tag{6.5}$$

其中，S_1 表示计划种植面积，a 为常数项，表示初始种植面积，p 表示粮食价格，b 为系数，表示边际效应，且是一个正数，意味着价格越高，种植面积会越大。

假定粮食产量模型是柯布—道格拉斯生产函数形式，为了对投入产出简化处理，在这里假定劳动力是唯一的投入要素：

$$y = El^{\alpha} \tag{6.6}$$

其中，y 表示单位面积粮食产量，l 表示单位面积投入的劳动力，α 表示劳动力的产出弹性，而 E 就是劳动力的生产效率，也表示了全要素生产率（TFP）。因此，我们得到了种植收益的方程如下：

$$\pi = py S_l - c_0 S_l \tag{6.7}$$

在方程（6.7）中，π 表示单位种植收益，c_0 表示单位面积种植成本。

将（6.5）、（6.6）式代入（6.7）式，可以得到方程式如下：

$$\pi = p\, El^{\alpha}\, (a + bp) - c_0\, (a + bp) \tag{6.8}$$

对上式进行价格 p 的一阶求导，取一阶导数为零，得到无补贴情况下收益最大化时的全要素生产率（TFP）的方程为：

$$E = \frac{c_0 b}{(a + bp)\, l^{\alpha}} \tag{6.9}$$

下一步，考虑在粮食生产补贴情况下农户的决策。我国粮食生产补贴主要是按照种植面积实施的，意味着种植面积越大，农户可以从政府获得更多的补贴。可以看到，政府希望通过粮食生产补贴提高农户的粮食种植面积，这种情况下，农户粮食种植面积可以表示为方程：

$$S_l = a + bp + c S_b \tag{6.10}$$

式中，S_b 表示粮食生产补贴的数额，参数 c 为正数，表示单位补贴越多，农户种植粮食的面积也会越多。这样，我们就可以得到方程式如下：

$$\pi = py S_l + S_b S_l - c_0 S_l \tag{6.11}$$

其中，$y = E_s l^{\alpha}$，那么要使农户种植收益 π 最大，就要对等式

（6.11）进行价格 p 的一阶求导，在极值条件下，用（6.10）式对 S_l 进行替代，可以得到 E_s 的值如下：

$$E_s = \frac{c_0 b}{(a + bp) l^\alpha} - \frac{(b + c) S_b}{(a + bp) l^\alpha} \qquad (6.12)$$

其中，因为 $(b + c) S_b / (a + bp) l^\alpha > 0$，所以 $E_s < E$。

由此可知，在实施粮食生产补贴后，TFP 将会下降。该理论模型揭示了当政府提供粮食生产补贴情况下，粮食生产补贴与粮食种植面积的关系，并对农户生产收益的预期产生影响，进而导致农业 TFP 下降，也就是粮食生产补贴对于农业 TFP 有消极影响作用。结合文献研究的结果，可以提出研究假设。

假设一：粮食生产补贴对我国粮食全要素生产率就会产生消极影响。

下面将进一步探讨粮食生产补贴是如何对粮食全要素生产效率产生影响的。

（二）粮食生产补贴对粮食生产要素投入数量的影响

粮食生产补贴由于改变了粮食种植农户的获利预期，因而改变了粮食生产中投入的生产要素数量与它们之间的比例结构。粮食生产要素主要可分为两类：一类是劳动；另一类是资本，主要包括化肥、机械、农药和种子等物资。那么，粮食生产补贴会如何影响粮食生产要素投入的数量与比例结构呢？

1. 粮食生产补贴对粮食生产中劳动要素的影响

根据托达罗（1969）以及哈里斯和托达罗（1970）的理论方法，把农业劳动力向其他产业转移看成是两个产业间的劳动力职业决策模型，并采用中国 2004 年实施补贴以后的劳动力转移数据进行统计分析，结果显示：粮食生产补贴对于农业劳动力的转移具有消极的影响，即在当前城乡收入差距不断增大，城镇化发展加速导致的农业劳动力持续流出的背景下，国家农业粮食生产补贴减缓了农业劳动力向外迁移的步伐。

2. 粮食生产补贴对于农业机械投入的影响

第五章的研究结果表明，我国农业机械购置补贴对于农户的农业机械购置有显著的积极影响，但系数较小。如同 Paroda（2000）在其研究中指出的一样，农业机械购置补贴导致了中国农业机械市场价格机制的扭曲，并没能使得中国农业机械的技术水平得到足够的提升。

综上所述，我国粮食生产补贴对我国粮食生产要素投入的结构产生了影响。其基本特点是，粮食生产补贴显著增加了农业生产劳动力的投入，而同时，对诸如农业机械、化肥与服务等生产要素投入的影响却相对较小。近年来随着第二、第三产业的快速发展，资本对劳动力替代加速的背景下，粮食生产补贴减缓了我国粮食生产要素投入中资本劳动比的上升速度。因此，从粮食生产补贴对粮食生产要素投入影响这一视角来分析粮食生产补贴对粮食生产效率的影响，能给我们带来更为深入的洞察和启示。

（三）粮食生产要素投入与粮食全要素生产率的变化

由以上分析可知，粮食生产补贴改变了粮食生产中劳动力要素与资本要素（机械、化肥、种子、农药等）的投入数量与比例——这里称之为资本劳动比。从现代科技发展与生产效率提高的角度来说，生产中资本要素投入越多，资本劳动比越高，那么劳动生产率就会越高，说明现代技术发展条件下，资本对劳动力的替代。

有一些研究认为，农业补贴可能通过多种渠道影响农业生产率（De Long and Summers，2012；Blomstrom et al.，1996；Rajan and

Zingales，1998），这其中就包括了农业生产要素的配置效率。有的会对农业生产率产生积极影响，有的会产生消极影响。消极影响的产生可能是由于补贴影响生产结构、要素投入，进而导致配置效率损失。在这个过程中，农业补贴扭曲了要素价格形成机制，可能导致农户的生产投入行为的改变，使他们可能会更多投入那些能够获得额外补贴收益的生产活动和要素，从而改变了农户生产要素投入中的资本劳动比，而这会引起配置无效率。也就是说，粮食生产补贴受益的生产要素会被过度投资，比如前文研究显示，粮食生产补贴将显著地对农业劳动力的迁移产生消极作用。同样地，粮食生产补贴也可能带来技术上的无效率，如 Kumbhakar 等（2009）指出，补贴会导致预算软约束，使得生产者对于资源的利用无效。另外，由于政策制定者的"特别的目标诉求"（比如说粮食生产补贴的目标之一是提高农民的收入），补贴也可能被发放给那些低效率的生产者。在新生产技术出现或者市场情况发生变化下，补贴会降低生产要素投入调整所带来的资源配置效率（Olson，1982）。

综上所述，粮食生产补贴延缓了我国粮食生产投入中资本要素对劳动力要素的替代，即降低了粮食生产要素投入中的资本劳动比，引起粮食生产过程中的配置无效率，从而对我国粮食全要素生产率的增长产生消极影响。因此，提出研究假设如下。

假设二：生产要素中资本劳动比是粮食生产补贴影响粮食全要素生产率的中介。

二　数据说明与描述性统计

本研究中的被解析变量是我国粮食全要素生产率，数据在前文中通过 DEA-Malmquist 方法计算得到。解析变量是粮食生产补贴和资本劳动比。粮食生产补贴数据，前文已经进行了说明。下面将对资本劳动比数据进行说明。

资本劳动比：粮食种植中资本要素投入的不断提高往往也表现为现代技术对传统粮食生产的渗透，资本要素包括了机械、化肥、种子、农药等，劳动力要素指劳动力用工。随着现代技术的不断进步，资本的份额不断提高，资本产出比也会不断提高。但近年来实际生产投入的数据却显示，这个比值与预期不同，如图6-4所示。

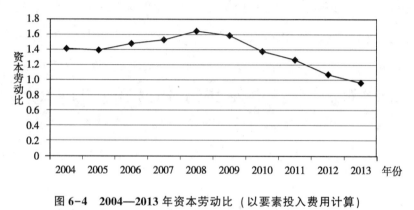

图6-4   2004—2013年资本劳动比（以要素投入费用计算）

资料来源：《全国农产品成本收益资料汇编》。

资本劳动比从2004年的1.4上升到2007年的1.6，随后几年大幅下降。分析其原因，肯定不会是资本要素投入减少而劳动力要素提高所导致的。由于这个比值是以资本劳动投入费用来进行比较的，而资本和劳动要素价格指数的上升幅度不同，其中劳动力要素价格指数的上升幅度大大高于资本要素价格指数上升的幅度，所以价格因素导致以投入费用计算的资本劳动比大幅下降。《全国农产品成本收益资料汇编》数据显示，近年来劳动力价格指数上升的幅度尤其大。

因此，本书利用价格指数对生产要素投入进行价格平减。如果对历年来全国生产要素投入的价格指数只是简单算术平均，难以对生产要素的价格进行准确反映，因此，利用历年《全国农产品成本收益资料汇编》计算出历年生产要素投入数量，进而乘以2004年价格来对资本劳动比进行计算。

具体而言，资本劳动比的计算方法是：考虑不同要素价格多年来变动差异大，并缺乏各要素历年来准确的价格指数，因此，资本劳动比的计算是采用亩均投入要素的数量，以2004年的各要素成本费用为基本费用，用各年度要素投入数量与2004年要素价格的乘积来计算要素投入所占比例。资本劳动比即为历年资本要素（机械投入程度、化肥、种子、农药）总体的投入费用除以劳动用工的投入费用。得到的结果是以2004年价格计算的粮食生产中的资本劳动比，如图6-5所示。

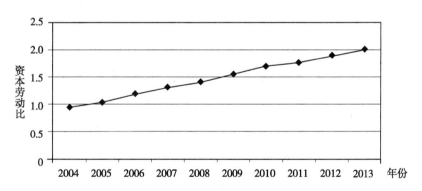

图6-5 2004—2013年粮食生产的资本劳动比（按2004年价格计算）

资料来源：《全国农产品成本收益资料汇编》以及财政部、农业部相关网站。

从图6-5中可以看到，粮食生产的资本劳动比（按2004年价格计算）呈现不断上升的趋势，说明了粮食生产中的资本要素（机械、化肥、种子、农药等）投入的数量相对于劳动力（劳动用工）要素投入数量增长更快，2013年与2004年相比资本劳动比几乎翻倍，与农业粮食生产的现实相一致。因此，本书将采用该资本劳动比作为解释变量。

其他控制变量：在以往研究中，研究者们提出了众多影响粮食全要素生产率的重要因素，比如 Brewin 和 Monchuk（2009）研究指出自然灾害对农业 TFP 有显著负影响。姜岩等（2012）的定量分析说明了自然灾害影响农业 TFP 的程度大小。张淑辉等（2013）认为，农业科研投资与农业 TFP 存在长期稳定的均衡关系，但短期内存在动态关系的修正机制。米建伟等（2009）利用柯布—道格拉斯生产函数测算出全要素生产率，结合农业科研投资、水利投资、农村教育投资、人均可耕地面积、农地制度、农业贷款余额、受灾面积等变量建立回归模型，结果发现农业科研投资和水利投资对农业 TFP 增长具有显著的促进作用。因此在本书研究中，把国家财政农业生产支出、农业受灾面积作为控制变量，数据来源于《中国农业统计年鉴》。表 6-3 为相关变量的描述性统计。

表 6-3 相关变量的描述性统计

变量	含义	均值	最大值	最小值	标准差
TFP	全要素生产率	1.02	1.21	0.96	0.07
LgSuba	粮食生产补贴（对数）	2.79	3.11	2.16	0.38
LgDis	农业受灾面积（对数）	4.56	4.69	4.35	0.11
LgPro	财政农业生产支出（对数）	3.44	3.72	3.23	0.19
Cap	资本劳动比	1.48	2.00	0.95	0.36

从表 6-3 中可以看出，粮食全要素生产率的均值为 1.02，说明粮食生产效率有所提高，实际上其主要是由于 2004 年试点改革农业税并开始进行粮食生产补贴，当年的全要素生产率大幅提高达到了表 6-3 中所列最大值 1.21，去除这个值后的九年中全要素生产率实际上并没有提高。

三　计量结果与分析

本部分的研究目的是检验政府的粮食生产补贴对于粮食 TFP 的影响作用，以及资本劳动比对于二者关系的中介作用，因此，本书采用 Baron 和 Kenny（1986）的方法，其研究中指出的对变量的中介效应进行检验，步骤如下：首先，用中介变量对自变量进行回归分析，检验这个回归系数是否显著；其次，采用因变量对自变量进行回归分析，检验回归系数的显著性水平；最后，因变量同时对自变量和中介变量进行回归分析，如果中介变量的回归系数显著，自变量的回归系数下降，说明中介变量存在着中介效应。如果自变量的回归系数下降到非显著状态，则称之为完全中介效应。如果自变量的回归系数下降但是仍然显著，则称之为部分中介效应，也就是自变量作用于因变量有两个途径：一个是通过中介变量对因变量产生影响，另一个是直接对因变量产生影响。

在回归分析中，本书分别把粮食生产补贴、财政农业生产支出、农业成灾面积，以及资本劳动比放入回归方程对全要素生产率进行回归，得到结果如表 6-4 所示。

表 6-4　　　　　粮食生产补贴、资本劳动比对 TFP 的回归分析

自变量	方程一（CAP）		方程二（TFP）		方程三（TFP）	
	回归系数	T 值	回归系数	T 值	回归系数	T 值
C	5.573	—	5.352	—	3.887	—
LgSuba	−0.081	−2.335 ***	−0.062	−1.216 **	−0.094	−1.074 *
Cap	—	—	—	—	0.057	1.057 ***
LgDis	—	—	−0.039	−2.215 **	−0.045	−1.989 **
LgPro	—	—	0.0483	0.847	0.051	0.727
调整后 R^2	0.486	—	0.238	—	0.353	—

说明：*、**、*** 分别表示在 10%、5% 和 1% 水平下显著。（　）中为因变量。

　　从表6-4中可以看到，在方程一中，以资本劳动比为因变量，粮食生产补贴的回归系数为-0.081，显著；在方程二中，以TFP为因变量，粮食生产补贴的回归系数为-0.062，显著；而在方程三中，以TFP为因变量，粮食生产补贴、资本劳动比共同作为解释变量，资本劳动比的回归系数显著，而粮食生产补贴的回归系数有一定的减小，为-0.094，在10%的显著性水平下显著。调整后 R^2 的数值有所增加，达到0.353。

　　以上结果，支持了本书研究的假设一，说明我国农业粮食生产补贴对于粮食全要素生产率会产生消极的影响；根据Baron和Kenny（1986）提出的判定中介效应的准则，本书研究的假设二得到了部分的支持，本书提出的中介变量——资本劳动比在粮食生产补贴影响全要素生产率的过程中起到了部分中介的作用。

　　以往有许多研究对补贴的生产率效应进行了分析，认为补贴会扭曲生产要素价格和生产要素间的合理配置（Pomfret，2003；Tuteja，2004；Petrick and Zier，2012；Breustedt and Glauben，2007），并对生产效率产生消极的影响（Brummer et al.，2006；Hsieh et al.，2009；De Long and Summers，1991；Blomstrom et al.，1996；Rajan and Zingales，1998），本书以上研究支持了以往许多学者们对补贴的经济效应的观点。虽然从这十年来看，我国粮食生产补贴提高了农户种植粮食作物的热情，维持并推动了我国粮食种植面积的稳定或扩大，促成了我国粮食生产的"十一连增"。但从本书研究结果来看，这些年粮食产量的维持在一定程度上是以忽视粮食生产率的合理提升为代价的，更多地表现了在我国粮食生产过程中，人们有能力和魄力动员和利用更多资源投入粮食生产。而在我国粮食生产过程中，粮食生产补贴对我国粮食生产率的影响过程机制部分地是通过改变我国粮食生产要素投入的数量比例来达到的。

实证研究的结论是，研究假设一得到了证实，研究假设二得到了部分的验证，说明了：第一，我国粮食生产补贴对粮食全要素生产率有消极的影响；第二，我国粮食生产补贴影响 TFP 部分地是通过改变粮食生产的资本劳动比这一途径产生的，这个研究结果与前文研究中的结论是一致的。前文研究指出，我国粮食生产补贴对于农业劳动力的迁移有消极作用，保留了农业劳动力在农村从事粮食生产；农业机械购置补贴对于我国农业机械总动力规模有一定的积极作用，劳动力的迁移又对农业机械购置有积极促进作用。也就是说，粮食生产补贴保留劳动力的效果也缓解了农村对农业机械购置的需求。从这个影响过程可以推论，我国粮食生产补贴阻碍了粮食生产的资本劳动比的提高。本章实证分析检验了这一结论：我国粮食生产补贴通过改变粮食生产的资本劳动比来消极地影响了我国粮食 TFP 的增长。

本书的研究结果表明，我国粮食生产补贴在短期内达到提高我国粮食产量和种植农户收入目标的同时，对我国粮食生产要素投入的配置效率产生了消极作用，不利于我国农业生产率的提高。索洛（1957）提出的理论认为，经济增长是生产要素投入的增加以及经济活动全要素生产率提高共同作用的结果，而促使经济增长的根本原因在于提高经济体的全要素生产率，不能简单把生产要素投入增加引起的产出增加看成经济增长。从这个观点来看，农业经济增长的根本动力在于农业全要素生产率的提高，因此，要促进农业产业的现代化发展，根本的途径在于提高农业全要素生产率。从我国农业粮食生产可持续发展的角度来看，当前我国的粮食生产补贴政策有必要进行合理的调整和不断完善。

　　虽然本书的研究得出了一些有参考意义的结论与启示，但也要注意到，实证研究并没有考虑到对于粮食生产中各要素的技术进步与效率改进（比如人力资本提升、机械技术进步、种子科技进步等）、土壤污染等其他因素对粮食生产率的影响，这些问题也有待后续研究进一步深入探索。

第三节　结论

　　前文的实证研究结果表明，粮食生产补贴对粮食生产的要素投入具有显著的作用，其中，粮食生产补贴对农业劳动力的迁移有显著的消极作用，缓解了我国农业劳动力向外转移的速度，保障了我国农业粮食生产的正常进行，以及我国粮食产量近年来的持续增长。同时，粮食生产补贴对我国农业机械总动力的提高有积极的影响，进一步促进了我国农业粮食生产的顺利进行。综合以上结果，粮食生产补贴对粮食生产的资本要素和劳动力要素投入会产生显著的影响，实现了我国粮食生产补贴的两个预期目标：一是提高农民收入，二是保障粮食生产。

　　本章的研究目的是，从长期的粮食生产可持续发展的视角来进一步分析粮食生产补贴对于我国粮食生产的影响。从根本上来说，粮食生产的现代化是我国农业发展的方向，而粮食生产率是一个关键指标。粮食全要素生产率是对投入产出效率进行衡量的一个重要的工具。本章的主要内容就是探讨粮食生产补贴在影响了粮食生产要素投入的情况下，对粮食生产率产生了什么样的影响。为此，本章主要包括两个方面的研究内容：首先对粮食生产补贴实施十年来我国主粮的全要素生产率变化状况进行测算；其次，进一步探索粮食生产补贴对于我国主粮全要素生产率的影响，以及通过什么途径产生的影响。

在本章第一部分研究中，选择全国主粮平均每亩投入产出为计算单元，采用 WinDEAP 软件对我国粮食 2004—2013 年间的亩均投入产出数据进行了全要素生产率的统计分析，得到 TFP 变化指数。结果表明，我国粮食生产补贴实施的近十年来，农业主粮全要素生产率的年均增长水平较低，其中除技术效率在 2004 年有了不错的增长以外（原因很大程度上是当前农业税试点改革而激发出潜在生产力），近些年大部分时间都是负增长，尤其是我国粮食生产的技术效率，近年来一直在下降，这种现象阻碍了我国粮食生产率的提高，并促使我们重新审视我国粮食生产补贴带来的效果。我国粮食生产补贴的长期与可持续发展的目标——稳定我国粮食的生产，必须依赖于粮食全要素生产率的提高，因此，本章的第二节进一步深入探讨粮食生产补贴对于我国粮食全要素生产率产生了什么影响，以及如何产生影响的。

在本章第二节研究中，首先从农民种植粮食收益函数进行经济数学建模，揭示了粮食生产补贴与粮食种植面积的关系，以及对农户生产收益的预期影响，进而对粮食 TFP 的影响，结论是粮食生产补贴对于粮食 TFP 有消极影响作用。在理论分析提出粮食生产补贴的生产效率命题假设后，继而采用相关数据进行了实证检验，研究结果表明：第一，我国粮食生产补贴对粮食全要素生产率有消极的影响；第二，我国粮食生产补贴影响粮食 TFP 部分地是通过改变粮食生产的资本劳动比这一途径产生的，即我国粮食生产补贴通过改变粮食生产要素的资本劳动比来消极地影响了我国粮食生产 TFP 的增长。

　　本书的研究结果表明，我国粮食生产补贴在短期内可以达到提高我国粮食产量、提高种植农户收入目标的同时，对我国粮食生产的生产要素投入的配置效率产生了消极作用，不利于我国农业生产效率的健康发展。根据索洛（1957）提出的理论要促进农业产业的现代化发展，根本的途径在于提高农业全要素生产率。从我国粮食生产长期可持续发展的角度来看，当前我国的粮食生产补贴政策有必要进行合理的调整和完善。

第七章

美国农业补贴制度发展与经验启示

农业补贴作为支持农业发展的一项重要政策，多年来一直得到世界上许多国家的实践运用与发展，尤其是一些西方国家，农业支持政策极大地促进了其国内农业的发展，并积累了大量富有价值的实践经验。其中，美国的农业支持政策尤其值得我们借鉴。

当前，美国是世界第一大粮食出口国，每年粮食出口总量占世界粮食出口总量的一半以上，而美国从事农业生产经营的人口却不到285万（约占美国总人口的0.58%），人均粮食占有量达到一吨以上（我国人均占有的粮食仅为美国人均占有粮食的1/3）。美国多项主要粮食以及若干其他农产品多年来的产量和出口量都位居世界前三。美国农业部在2014年11月公布的数据显示，美国2014财年农业出口为创纪录的1525亿美元，极大地超越了2013年的1410亿美元。[①]那么，美国农业生产率多年来为什么保持世界领先？其中一个适当的解释也许就是美国从20世纪30年代以来逐步实施并不断调整美国的农业支持政策。

---

① 郑启航、刘帅：《2014财年美国农业出口预计将再创新高》，新华网，2015年2月21日，http://news.xinhuanet.com/world/2014-02/21/c_119449830.htm。

为此，本部分将试图深入分析美国农业补贴制度的发展脉络，总结美国的做法和经验，这将对于我国粮食生产补贴制度的不断调整和完善有着重要的借鉴与指导意义。

第一节　美国农业补贴制度发展历史

虽然近几十年美国工业飞速发展，农业占国民经济中的比例有所下滑，但美国仍拥有世界上最强大的现代农业，农业已然成为美国在世界上最具竞争力的产业。这些成绩得益于美国政府一直以来采取的有效的农业保护政策。大农场种植是美国农业生产经营的主要模式。当前美国的大农场数量占到了农场总数的90%，占美国农业资产的80%左右。[1] 这种大农场经营模式和机械化作业相结合有效提高了农业种植效率。美国农业技术发达，单位面积的农产品产量远高于世界平均水平。美国是世界上最大的农产品出口国，每年约有50%的农产品出口其他国家。农产品出口外汇收入成为美国外汇收入中最大的一项。[2] 白宫经济顾问委员会发布的报告显示，2009—2013年是美国历史上农业出口最为强劲的5年，总出口额超过6570亿美元。2013年美国农业出口额达到1441亿美元，创历史新高。[3] 美国农业部数据显示，中国成为美国农产品的最大进口国，中国农产品的购买占到了18%，因此美国农产品产量经常性过剩，并高度依赖国际市场。为了保护本国的利益，美国政府一方面积极

----

[1]　胡子君、齐楠：《美国农业保护政策研究》，《世界经济》2014年第4期。

[2]　同上。

[3]　《美国取消农业直补迈向农业保险时代》，http://www.cngrain.com/Publish/news/201403/563688.shtml。

推进农产品贸易自由化，另一方面对农业进行保护和支持。美国农业保护和支持体系包含的内容很广，但是其中最重要的部分就是农业补贴政策。美国高度发达的农业与其高效的农业补贴政策体系密不可分。美国农业补贴政策在不同历史时期有所不同，但一直以提高农业生产率，提高和稳定农场收入，增进社会福利和促进农村发展为目标。

美国农业补贴制度发展史可以分成四个阶段，分别为农业补贴产生前期（殖民地时期—1933 年）、传统农业补贴期（1933—1995 年）、近期农业补贴期（1996—2013 年）、当前农业补贴期（2014 年至今）。这个分期划分是按照第一部农业补贴法案颁布和脱钩式农业直接补贴存废来进行的。

一　农业补贴产生前期（殖民地时期—1933 年）

美国农业补贴产生的前期主要指 1933 年前的美国农业发展阶段。这段时期，虽然没有明确的农业补贴措施，但是农业支持政策也已经产生。这段时期，美国有近 41% 的劳动力从事农业生产。因此，此时农业政策的目标是通过促进生产和提高农产品价格来增加农场主的收入。通过一系列的耕地面积扩张、农业技术推广、农业信贷等项目来促进生产，通过促进出口、限制进口等来提高农产品价格。

二　传统农业补贴期（1933—1984 年）

美国传统农业补贴期是指 1933 年到 1984 年这段时期。在此期间，以价格支持为主要特点的农业补贴政策主要有两个部分组成，即农产品计划和环境保育计划。具体来说，农产品计划主要指销售贷款补贴和政府农产品储备调控体系。环境保育计划包括休耕以及政府对休耕地提供补贴等。这两个计划是在农产品生产过剩，农产品价格下跌，农民收入减少的背景下提出的。1933 年出台了第一个农业法案《农业调整法》（The Agriculture Adjustment Act of 1933），核心就是销售贷款补贴和政府农产品储备调控体系等。销售贷款补贴实际上是美国政府设置的农产品最低收购价格，以保护农场主的利益。销售贷款补贴是指农民以当年即将收获的农作物作为抵押物，按照规定的贷款率（即最低收购价格）取得贷款来从事农业生产；农作物收获时，若市场价格高于贷款率，农民则通过销售收获物来归还贷款，反之，农民可以把抵押的农产品按贷款率卖给政府来还贷。该政策有效地保障了农业生产者的收入免于受到市场价格的影响，但这个政策可能会使农民不考虑农产品市场过剩而继续加大农产品生产，因此，为了防止因农业价格支持政策出台而带来产量进一步过剩，在销售贷款补贴政策执行的同时，美国还配套实施了播种面积配额和销售配额的措施。也就是说，只有按计划面积生产或按计划销售的农场主才能获得价格支持，否则将会受到处罚，即环境保育计划。

单纯的销售贷款补贴仅保障了市场价格较低情况下的农民利益，但是农民收入仍旧无法确保。因此 1973 年美国农业法提出了以支持农业收入为目标的目标价格。当农产品的市场价格低于政府规定的目标价格时，参加政府计划的农场主就可以得到两者之间的差额补贴。具体做法是，当市场价格低于目标价格而高于最低收购价时，补贴额度等于目标价格和市场价格之差；当市场价格低于目标价格和最低收购价时，补贴额度等于目标价格和最低收购价之间的差额。同样的道理，目标价格政策要求农场主参加环境保育计划，即参加减少播种面积计划，否则无法享受差额补贴。

1973—1984 年，美国农业法案进行了 19 次调整，并出台了相关的配套方案。但是农产品支持计划框架基本保持不变。主要的改变表现在，调整和扩大了农产品的补助范围，同时在不同年份实施了消化国内过剩农产品的计划，如促进农业贸易，海外实物援助计划和对贫苦人口实行实物援助。这九年间还适时发展了环境保育计划。在环境保育计划的完善和国内外市场需求提高的形势下，美国没有出现生产过剩，农产品价格较为平稳，农业法案及其相应的农业支持政策对农业和农民收入的影响不大。但 20 世纪 80 年代初，美国农产品价格出现大幅度下降，农产品的储备增加，生产控制的压力加大，农业支持政策的实施成本很高。

20 世纪 30 年代美国开始对农作物进行保险。1938 年联邦作物保险公司成立，开始为农场主提供农作物保险。之后，保险范围和对象进一步扩大。1994 年联邦农作物保险改革法颁布，成立风险管理署，负责管理联邦农作物保险公司实施的保险项目。1994 年推出了灾害险，保险费全部由联邦政府承担。

三　近期农业补贴（1985—2013 年）

近期农业补贴期（1985—2013 年）是指 1985 年到 2013 年这段时期。这段时期开启了美国农业补贴市场化导向。美国政府尽量减少对农产品市场的干预，更多地依赖市场的力量来解决农产品的价格问题。因此这段时期的农业补贴方式以价格补贴和直接补贴为主，具体指直接补贴规模逐渐壮大和价格支持逐渐降低。这个阶段的农业补贴体系还是以农产品计划和休耕保育计划为基本框架，同时再增加一个与产量脱钩的直接补贴方式。

　　1985 年《食物安全法》的颁布标志着美国农业政策开始向市场
化方向调整。这部方案不仅降低了价格支持水平，还减少了农产品
储备和休耕地。最瞩目的两方面改革是采用市场化手段实施销售贷
款补贴，以及依据预先确定好的计划内项目农作物的面积来确定补
贴。在用市场化手段（即无追索权贷款）实施销售贷款补贴方面，
由联邦政府的农产品信贷公司实施。无追索权贷款是指农民以当年
即将收获的农作物为抵押物，按照政府规定的贷款率（即最低收购
价格）取得贷款从事农业生产。收获农作物时，若其市场价格高于
贷款率，则农场主通过销售农产品还本付息；若农作物市场价格低
于贷款率，贷款到期时，农场主直接将农产品交给农产品信贷公
司，无须支付任何费用，不用归还贷款。在该政策下，农民直接从
政府那里获得补贴（补贴额为贷款率与市场价格的差），而不用像
以前那样先把农产品按贷款率卖给政府，再来还贷。无追索权贷款
相当于用现金支付替代了过去的政府储备。

　　在与产量脱钩的农业直接补贴方面，《食物安全法》规定，不
再依据当年的实际种植面积来确定补贴，而依据预先确定好的计划
内项目农作物的基数面积来定直接补贴数额，该基数面积和农民当
年实际生产事实和市场价格无关，因而不会刺激特定农作物的生
产，也不会影响农民的生产决策。在提高农民收入的同时，又将政
府对市场的干预降到了最低。该政策属于世界贸易组织的绿箱政
策。该政策在 2002 年得到完善和发展，直到 2013 年该项政策还一
直在执行。直接补贴的范围除了粮食，还包括各种谷物、油料作物
等绝大多数农作物。

　　1996 年的《联邦农业发展和改革法》(*The 1996 Federal Agricul-
ture Improvement and Reform Act*) 是一部开始具有明显市场化特征的

农业法案，具有继续强化美国农业补贴的市场化特征。这部法案继续执行美国的农产品计划（脱钩式农业补贴计划属于该计划）和环境保育计划，力图减少政府对农作物生产的直接干预，由价格支持转向对农业生产者的直接收入支付。该方案为了全面过渡到市场化制定了过渡期政策，只有与政府签订了生产灵活性合同（Production Flexibility Contract）的农场主，才能得到政府的收入补贴。该部方案市场化特征的变革内容表现在三个方面：减少价格支持，即降低农产品计划中的贷款率；强化与产量逐步脱钩的直接补贴；取消小麦、稻米、饲料和棉花的休耕计划。由此，减少政府干预农产品市场的价格和供给。1998—2000 年由于农产品价格持续下降，美国政府临时提高了这三年的直接补贴水平，将这三年预先已经确定的直接补贴再分别提高 50%、100% 和 100%。[①]

2002 年美国颁布了《农场安全和农村发展法》（*The 2002 Farm Security and Rural Investment Act*）。为农场主"提供可靠的收入安全网"成为该部新法案的主要目标。在继续沿袭 1996 年基本农业补贴政策框架的前提下，该法案最主要变化是实施反周期补贴来为农民提供收入补贴。反周期补贴的核心工具是目标价格，而目标价格则以保障农业收入为目标。反周期补贴是"基于价格的反周期支付"，根据农作物的全国平均市场价格水平和农业生产者接受的直接补贴的总和，使之与政府规定的目标价格相比较，之间的差额即为反周期补贴。具体说来，如果全国平均市场价格与直接补贴之和等于或大于目标价格时，不启动反周期补贴；如果全国平均市场价

---

① 黄季焜：《增加收入、市场化：美国农业补贴政策的历史演变》，《中国社会科学报》2009 年 8 月 13 日。

格加上直接补贴低于目标价格，政府就用反周期补贴来补偿两者之间的差额。反周期补贴只对法律范围内的农作物生效，具体数额由过去的耕地面积和单位面积产量来确定，与同期的产量无关。一个反周期补贴受益者能得到的反周期补贴将由单位产品的反周期支付额、受益面积及单位面积产量的乘积来决定。农业部事先确定各种农作物的目标价格。它同销售贷款补贴和直接补贴一起形成美国农民收入的安全保护网。

2008年美国政府出台了《食物、环境保育与能源法》。该法案继续维持2002年农业法案的支持框架。直接补贴水平和反周期补贴基本保持不变。微调主要表现在部分计划内农作物的贷款率和目标价格水平，以及扩大销售贷款补贴和反周期补贴的农作物范围。2008年农业法案的主要变化具体包括如下三个方面：第一，启动平均作物收益选择项目。这是一个农民自愿参加的项目。项目规定，参加该计划的农民若农作物获得的总产值低于过去几年该作物的单位面积产量和价格乘积的平均数，就可以获得平均作物收益选择项目的补贴。之所以给农民一个新的选择，是因为销售贷款补贴和反周期补贴有一定局限性。这个局限性表现在保障价格无法确保农民收入的增加。价格下降或升高，农产品数量呈相反的方向变化，农民收入增加还是减少仍是不可确定的。价格下跌，收入可能增加，但反周期补贴和销售贷款补贴可能继续支出。而当价格上涨，农产品数量减少，农民收入可能减少，但此时却无法得到反周期补贴和销售贷款补贴。为了弥补这一局限性，平均作物收益选择项目通过自愿的方式让农民自己选择。因此，美国农民有两种农业补贴组合模式可供选择，第一种选择是"固定直接补贴+销售贷款补贴+反周期补贴"，第二种选择是"80%的固定直接补贴+70%销售贷款补贴+农作物平均收益补贴"。也就是说，参加平均作物收益选择项目，其他三项补贴要相应减少或停止，即停止反周期补贴、固定直接补贴减少 20%、销售贷款补贴减少 30%。这种保障方式弥补了之前单一补贴模式的局限性。第二，将临时性的灾害援助调整成为永久性的援助计划，包括农业保险补贴和灾害援助。第三，给农业生产者规定享有补贴的上限，以防止个别农业生产者出现补贴叠加的现象。具体规定为单一生产者直接补贴 4 万美元和反周期补贴 4.5 万美元的上限。

四　当前农业补贴期（2014 年至今）

美国政府于 2014 年 2 月 7 日正式生效了《食物、农场及就业法案》（以下简称 2014 年农业法案）。该方案有效期至 2018 年，部分条款有效期甚至超过 2018 年。该法案改变了美国农业补贴以高直接补贴为主的思路，开始了以农业保险为主的农业保护政策，调控手段更加市场化。2014—2018 年，美国政府计划安排 9564 亿美元的财政预算，用于支持农产品贸易、农业研究、可再生能源和粮食援助等项目。国会预算办公室表示，这些财政预算的 80% 资金将用于营养项目，8% 将用于农作物保险项目，6% 将用于休耕保育项目，5% 将用于商品计划，贸易、信贷、农村发展、研发、森林等将占用剩下的 1% 的农业支出。[①] 本次改革的最大亮点——取消固定农业直接补贴（本属于其中的商品计划），该项被取消的固定农业直接补贴每年平均达到 50 亿美元。当前美国农业补贴政策在下一节中

---

① 《以美国 2014 年及 2008 年农业法案为例简析美国联邦政府对农业的财政投入》，http：//www.mof.gov.cn/mofhome/tfs/zhengwuxinxi/faguixinxifanying/201404/t20140422_ 1070165.html。

介绍。

由于反周期补贴、平均作物收益选择项目补贴与固定农业直接补贴有关，所以反周期补贴和平均作物受益选择项目补贴也不得不取消。2014年农业法案引进了两个新的农作物支持计划，即价格损失保障（Price Loss Coverage）和农业风险保障（Agriculture Risk Coverage），这两个新的项目和反周期补贴、平均作物受益选择项目补贴有些相似之处。但销售贷款补贴被保留下来。

通过以上美国农业补贴制度发展历史的介绍，我们可以看出美国农业补贴制度的历史实际上是一个农业补贴制度从无到有，补贴体系从欠缺到完善，补贴主体从政府到市场，补贴方式从无序到有序的过程。

第二节　美国农业补贴政策现状

2014年美国正式生效了新的农业法案，至此，收入补贴和农业保险共同构成了保障美国农民收入的安全网。收入补贴项目旨在协助农民抵抗农业经营的市场风险，农业保险旨在协助农民抵抗农业生产中的自然风险。新的农业法案让农业发展更加依赖市场，使美国农业发展步入了农民根据自身需要和风险承受能力购买不同农业保险的时代。

一　收入补贴

2014年农业法案设立价格损失保障和农业风险保障。价格损失保障项目实际上是价格补贴的一种形式，视同原来的反周期补贴调整。农业风险保障项目则是收入补贴的一种形式，视同之前的平均作物受益选择项目。真正取消的是固定直接补贴。

（一）价格损失保障（Price Loss Coverage，PLC）

PLC 按农作物品种设立了一个参考价格体系。当相关农作物的市场价格低于参考价格时，PCL 将补贴给相关农作物的农业生产者。这些农作物包括小麦、饲料谷物、水稻、油菜籽、花生等。具体参考价格如表 7-1。当农作物的市场价格低于参考价格时，PCL 将按参考价格和年度全国平均市场价格之间的差额进行补贴。公式为：

补贴＝（参考价格-年度全国平均市场价格）×补贴单位面积产量×85%×基础面积

其中，基础面积和补贴单位面积产量可以选择之前已在相关部门登记的基础面积和单位面积产量数额计入。也可以 2009—2012 年所种农作物的实际面积为参考的基础面积，以及按 2008—2012 年的年均实际单位面积产量为参考的补贴单位面积产量进行计入。两种计算方法，选择其一，一旦选择，则五年内不能变。若农业生产者生产的是水果、蔬菜或者野水稻，则补贴将适当减少。

（二）农业风险保障（Agriculture Risk Coverage，ARC）

ARC 项目补贴额度为移动平均基准收入和实际年收入之间的差额。它有两个子项目，即县农业风险保障和个人农业风险保障。移动平均基准收入是指近五年奥林匹克平均法下的县产量平均值（去掉最高和最低产量算产量平均数的一种方法）和近五年奥林匹克平均法下全国市场价格平均值（去掉最高和最低价格来算价格平均数的一种方法）的乘积。在算全国市场价格平均值时若其中一年的价格低于参考价格，则用参考价格作为当年的价格水平。以县农业风险保障补贴为例，其基本公式如下。

补贴＝县农业风险保障基准收入×86%−某种农作物的实际县收入水平＝［近五年县单产的奥林匹克平均值×全国市场年度平均价格的奥林匹克平均值×86%−县实际平均单产×max（作物年度中市场年度平均价格，营销援助贷款利率）］×作物基础面积×85%

表 7−1　　　　　　　　2014 年美国农业法案部分农作物的参考价格

单位：美元/蒲式耳

商品类别	参考价格	2008 年农业法案的目标价格
小麦	5.50	4.17
玉米	3.70	2.63
高粱	3.95	2.63
大麦	4.95	2.63
燕麦	2.40	1.79

资料来源：美国农业局网站。

个人农业风险保障补贴与县农业风险保障补贴类似。当个人实际收入低于个人农业风险保障收入水平时该风险保障项目将启动。不同之处在于，个人农业风险保障是将个人所有全国农场作物收入纳入计算之中，而县农业风险保障是按照农作物品种逐项确定并计算的。农业生产者可以从县农业风险保障和个人农业风险保障中选取一个来保障。

美国农业法案所有农作物补贴都完全建立在市场和气候之上，和之前的固定直接补贴完全不同。国会预算办公室 2014 年 1 月宣称，从 2015 年起每年的补贴总额将在 40 亿美元以下，但由于补贴项目和价格紧密挂钩可能会导致该领域的补贴支出每年会变动频繁。

除了以上两个主要补贴项目，2014 年美国农业法案将乳制品价格支持项目和乳品收入损失合同项目作废，取而代之的是乳制品利润保障项目（Margin Protection Program，MPP）和乳制品捐赠项目（Dairy Product Donation Program，DPDP）。前者主要保障利润水平，后者则在乳制品利润低于最低保障利润时，美国农业部将以市场价格购买乳制品，并将采购的乳制品捐赠给该农业法案中的营养项目，用以支援低收入家庭。

美国2014年农业法案规定，每一个积极从事农业的个人最多可获得12.5万美元的补贴，这个限额应用于价格损失保障、农业风险保障、营销援助贷款等。

二　农业风险保险项目

2014年农业法案新设立了几个保险项目，这些新保险项目不同于传统的保险项目，它主要用于保障农业产量或收入方面的小额损失上。除了美国农业局农业服务机构管理的作为商品计划的农业风险保障项目，这些新保险项目主要是指补充保障选择项目（SCO）和浅层次收入保护计划（STAX）。这两个新项目归属于2014年农业法案第14章的内容，具体由美国农业局风险管理机构负责。但是，ARC项目和SCO项目，两者只能择一，即农业生产者如果参加了给定的农作物或县ARC项目就不能购买同一农作物或县的SCO项目。STAX项目对高地棉花生产者有效，因为高地棉花生产者不能参加ARC项目（如果高地棉花生产者没有购买STAX项目的话，生产者可以购买SCO项目）。

SCO项目将在2015农作物年度生效，这是一个以面积为基础，并结合传统农作物保险项目的新型保险项目。参加该保险的农业生产者当年收入水平可以确保达到他们收入的86%。但这份保障将由两部分组成，即传统农作物保险项目和 SCO 项目。传统农作物保险项目一般保障水平最高可达收入的 85%。投保的保障水平到收入的 86% 之间的差额则由 SCO 项目来负担。一般农业生产者在传统农作物保险项目上会选择 70%—75% 收入保险计划，那么，SCO 项目则保障农业生产者剩下的 11%—16% 的收入水平。而且 SCO 项目没有支出限制，也不受总毛利的调节限制。ARC 项目和其他商品计划中的补贴项目要受此制约，在单一调整后毛收入上限之内，任何个人的年调整后毛收入超过 90 万美元，包括非农收入，都没有资格获得农场项目的补贴，既不能获得商品项目下的补贴，也不能领取资源保护项目下的补贴。

STAX 项目也于 2015 农作物年度生效，这项保险是专门为高地棉花生产者设立的。在此之前的高地棉花补贴影响了世界棉花价格，扭曲了棉花交易。为了履行 WTO 的承诺，STAX 项目才得以孕育而生。

除了以上两个主要的农业补贴类型，美国 2014 年农业法案还规定了其他农业补贴项目，如资源保护项目（包括休耕储备项目、环境质量激励项目、资源保护管理项目、农业资源保护地役权项目、区域资源保护合作项目），增强营养项目（补充营养援助就业和培训项目、食品费安全与营养激励赠款、补充项目），促进农业发展项目，农业技术研究，可再生能源发展，发展特种作物和有机产品，帮扶新生代农场主和牧场主，等等。

美国现行的农业补贴体系全面，基本补贴方式以收入补贴和农业保险为主，其他各个农业领域都有兼顾。在新的农业补贴下，农业生产者将面临商品计划和农作物保险项目的众多选择，商品计划和农作物保险各项目之间又有着内在的联系，这让选择更加复杂化。农业生产者需要估算农业经营行为产生的价格和产出，权衡成本和利润，进而做出选择。如果 2014 年农业法案在其有效执行期内，农作物价格和产出变动较大，那么这个新的农业法案的农业预算支出将比 2008 年法案更加变化无常。

第三节　美国农业补贴政策对我国的启示

一　构建农业法律体系

从 1933 年开始，美国政府不断使用法律手段，即以出台农业法案的形式来对国内农业政策进行系统调整。农业法案每五年颁布一次。在法案实施的五年期间虽然会发生对农业法案的调整，但大的方向和发展仍和农业法案保持一致。每五年出台新的农业法案，不仅保证美国农业政策的连续性、稳定性和前瞻性，也让美国农业投资者和生产者对农业的发展充满了信心。

二　建立适合我国国情的收入安全网

美国现行的农业补贴体系，实质上是一个以市场化的收入安全网为基础的补贴体系。在该体系中市场对农业资源起着基础的配置作用，在此基础之上，再由政府来进行最基本的收入和价格保障。有了这道安全收入网，农业生产者可以充分挖掘农业生产率，并根据自身对农业风险管理的需要对农业收入保障品种和价格保障类型进行选择，推动农业生产者充分发挥主观能动性。反观我国粮食生产补贴体系，最基本的收入安全网建设相对落后。唯一相关的最低收购价格政策实施范围很有限，实施品种仅限于小麦和水稻，实施时间也非全年，这些不足影响了我国粮食生产补贴效果的发挥。应根据我国国情，如农作物品种、市场建设情况等，建立起适合我国种粮农民的收入安全网。

三　逐步推动以市场为导向的农业保险配套改革

2014 年美国新农业法案取消了实施近 18 年的固定农业直接补贴，完善了补贴水平应根据市场价格、实际收入或产量等实际情况的做法，更加鼓励农民依赖农业保险来防范农业生产风险。

美国政府之所以取消农业直接补贴，原因有三方面。第一，为了顺应农产品国际贸易规则，减弱全球农业保护主义的抬头。一直以来，美国高额的农业补贴数额、广泛的补贴范围、强大的补贴方式让美国农业生产者的生产决策不必考虑市场状况，其收入完全置于政府的安全网之中。美国作为世界上最大的农产品生产和出口国，这样的农业直接补贴打压了世界农产品价格，冲击了补贴实力较弱的发展中国家的农业发展，发展中国家农民的利益受到了严重的损害。全球农业保护主义有抬头的倾向，对新一轮的世界贸易组织的农业贸易谈判造成了强大的阻碍。逐步改变农业补贴的方式一直是美国政府追求的目标。第二，美国农业固定直接补贴制度存在受惠对象与真正生产者脱节的问题。由于美国农业直接补贴依据最初的历史种植面积，它同农民当年实际生产事情和市场价格无关。这样导致美国农业直接补贴受益者可能是一个死亡多年的农业生产者或当年未从事农业生产的个体。取消农业直接补贴可以有效地解决这种吃空饷的困境。第三，减轻财政负担。据经济合作与发展组织组织估计，平均每 100 美元的农业产值中，有 20—30 美元来自政府的补贴。[①] 农业直接补贴取消后，2014—2018 年美国财政支出规模预计将削减 53.10 亿美元，2014—2023 年这十年的财政支出规模将削减 165.04 亿美元。固定农业直接补贴造成美国政府财政负担沉重。[②]

美国固定直接补贴从 1985 年实行，2013 年逐步退出历史舞台。在此之前，美国加强了对农业保险的试验，试验期长达 42 年（1939—1980 年）。美国自 1939 年开始试验农作物保险计划，在经历了 12 次保险范围、保险责任、经营体制等方面调整。1980 年，美国政府在全国范围内推广新的《联邦农作物保险法》，结束了长达 42 年的农业保险试验期。由于 1994 年颁布的《农作物保险改革法》取消了农业灾害救济计划，所以政府强制要求农民参与针对农作物保险。这一规定极大地提高了农作物保险的投保率，改变了美国投保农户数量少、投保率低的局面，1995 年农作物投保面积超过了当年可保面积的 82%。为了提高保险效益，降低保险监督成本，美国农作物保险经营体制上经历了三个阶段：第一个阶段（1939—1979 年）是美国政府直接成立保险机构从事农作物保险业务；第二个阶段（1980—1997 年）是美国政府和私营商业保险公司共同经营农作物保险业务；第三阶段（1998—现在）是美国政府为农场主提供保险补贴，但农作物保险业务全权交由私营商业保险公司经营。1996 年美国政府成立农业保险风险管理局，此部门专门负责农作物保险计划，并负责对美国联邦农作物保险公司日常工作进行监督。

---

① 《中美农产品贸易摩擦浅析》，《国际商报》2010 年 7 月 27 日。

② 农业部农村经济研究中心：《美国 2014 年农业法案的市场化改革趋势及其对我国的启示》，2014 年 4 月 4 日，http://www.moa.gov.cn/sjzz/scs/dongtai/201404/t20140404_3841444.htm。

而联邦保险农作物公司则主要负责制定保险政策和规则，并实施稽核和监督职能，除此之外，还提供为私营商业公司的农作物保险提供再保险业务。当前美国从事农作物保险业务的私营保险公司有14家，这些保险公司提供了约22种农作物保险计划和120万份农作物保险保单。

四　农业保险制度是我国农业补贴改革的方向

农业保险实际上是一种"重事后补贴，同时兼顾事前补贴"的方式。这种农业保障方式能激发农业生产者内在的生产能动性，还可以保障农民在遭受严重自然灾害或农产品价格下降时获得事先约定的补偿。整个保障体系不仅具有保障性，更具有内在生产能动性。而传统的农业直接补贴本质上只重事前补贴。这种补贴方式虽然能减轻农民从事农业生产的初期资金启动问题，但是事后补贴的缺位让农民无法对自己从事的农业生产活动充满信心，生产过程中必要的投入和信心都会有所保留。因此，农业直接补贴方式可以减轻农民的生产负担，但它是以巨大的政府财政负担为代价的。而农业保险制度下政府和农业生产者共同负担保费，农业生产者依靠自身的需要和承受能力购买保险，并能积极投身农业生产，因为农业保险为其解决了市场和自然因素可能带给他们的收入损失。

五　建立代表农民利益的机构

美国有许多农业组织，包括一般农业组织，如全国农场主联盟，以及诸如全国小麦生产者协会、全国玉米生产者协会等农产品组织①。美国政府在制定 2014 年农业法案过程中，这些农业组织发挥了很重要的作用，充分反映了美国农民的利益诉求。

六 采取措施吸收新生代农民加入农业生产

美国 2014 年农业法案积极扶持新生代农场主和牧场主，为农业发展注入持续动力。这些帮扶政策主要是提供 1 亿美元支持，提高其资本的可得性，同时在耕作的前 5 年降低农作物保险保费等。

2014 年农业法案对美国农业补贴体系进行了重大调整，其中最引人瞩目的就是固定直接补贴方式的取消，取而代之的是与价格、收入或产量挂钩的收入补贴方式和化解农业风险的农业保险。美国农业补贴改革代表了最新的世界各国农业补贴体系的发展方向，也必将影响世界贸易组织的农业保护谈判。把握美国农业补贴改革动向，有利于我国粮食生产补贴更加适应未来的发展方向，更重要的是能最大限度地保护和支持我国农业的发展。就目前而言，我国仍需要在构建农业法律体系、安全收入网、加强农业直补、坚持农业保险配套改革、建立农民利益代表机构和积极吸引更多的新生代加入农业生产之中等方面做出努力。

---

① 项继权：《农民协会组织的功能和作用：爱尔兰农民协会（IFA）的调查与思考》，《华中师范大学学报》（人文社会科学版）1999 年第 38 期。

第八章

对我国粮食生产补贴政策的建议

我国政府从 2004 年开始实施粮食生产补贴政策。该政策主要目标在于促进与保障我国粮食产量增收，并提高我国农民的收入。粮食生产补贴政策的实施效果，多年来一直是学者专家们研究的焦点，也是政府工作绩效考核的重要内容。在此背景下，本书从粮食生产补贴对粮食生产要素配置的影响角度，深入探讨粮食生产补贴对于我国不同类别的粮食生产要素的投入影响，并进而分析粮食生产补贴在改变粮食生产要素的资本劳动投入配置比例的情况下，对于我国粮食生产效率会产生的影响。

综合前文研究的成果，得出如下结论。第一，我国粮食生产中的要素投入结构近年来发生了颇为显著的变化，即粮食生产投入中资本要素已经极大地替代了劳动力要素，我国粮食生产方式发生了巨大的变化。第二，粮食生产补贴对于我国农业劳动力迁移有显著的消极影响，缓解了我国农业劳动力向外迁移的步伐，一定程度上实现了我国粮食生产补贴政策保留农业劳动力以及保障我国粮食生产的重要目标。第三，粮食生产补贴对我国农业机械购置与使用有一定的积极影响。这个积极影响具体表现为，我国农业机械购置补贴对于我国农业机械总动力的影响效应积极而显著，对于大型拖拉机的拥有量也有积极而显著的影响，但是农业机械购置补贴的影响系数较小。这个结果说明了我国农业机械购置补贴在一定程度上产生了符合补贴目标预期的影响。第五章的研究表明劳动力的迁移又对农业机械购置有积极促进作用，这就意味着我国粮食生产补贴体系中有部分补贴项目的目标存在一定程度的冲突。第四，我国粮食全要素生产率近年来进步迟缓。索洛（1957）提出的理论认为，经济增长表现为生产要素投入的增加以及经济活动全要素生产率提高共同作用的结果，而促使经济增长的根本原因在于提高经济体的全要素生产率，不能简单把生产要素投入增加引起的产出增加看成经济增长。因此，要促进农业产业的现代化发展，根本的途径在于提高农业全要素生产率。那么，为什么粮食全要素生产率这些年进步迟缓？这是值得在以后研究中继续深入探索的一个重要议题。第五，粮食生产补贴对我国粮食全要素生产率有显著的消极影响，其发生作用的途径部分是通过减缓粮食生产要素投入的资本劳动比的提高来实现的。近年来随着第二、第三产业的快速发展，资本对劳动力替代加速的背景下，粮食生产补贴显著增加了农业劳动力的要素投入，同时其对诸如农业机械、化肥与服务等生产投入要素的影响却相对较小。这一研究进展对于人们进一步具体而深入地理解粮食生产补贴政策，对于粮食生产过程发生的具体作用，提供了有益参考，使得政府及相关专家在考虑通过粮食生产补贴实现增加农民收入和保障我国粮食生产的同时，也能考虑到该补贴政策对于具体粮食生产过程所发生的作用，从而为我国的农业发展做出更大的贡献。

本章将在前文我国粮食生产补贴规模水平评价和主要研究结论的基础之上，借鉴美国农业补贴制度的做法和经验，提出完善我国粮食生产补贴政策的政策建议，并提出有待进一步研究的问题。

第一节　重新定位我国粮食生产补贴的政策目标

我国学术界和政府部门对粮食生产补贴政策的目标定位比较模糊，尤其是针对不同补贴项目的目标定位更是如此。目标定位直接决定了各个农业补贴项目的补贴方式和内容。模糊的目标定位会让农业补贴在制定、完善和发展上失去方向。

学术界对我国当前粮食生产补贴的目标定位存在着两种不同的观点。第一种观点是，我国当前粮食生产补贴政策目标应定位于保障粮食安全和增加种粮农民收入。部分学者（程国强、朱满德，2012）认为两个目标互为基础，互为前提。部分学者（侯石安，2008）认为，通过提高粮农的收入水平和福利水平达到粮食自给甚至出口的思路是值得借鉴的。第二种观点是，我国当前粮食生产补贴政策目标同时定位于保障粮食安全和增加农民收入是冲突的（赵德余、顾海英，2004）。尤其是当粮食产量大幅度增加时，在我国现有的财政资金和粮食储备能力的前提下，仅依靠粮食最低收购价制度无法保证农民收入的增加。高玉强（2011）从比较收益和需求弹性的角度分析认为，保障粮食安全和增加农民收入这两个目标不具有兼容性。部分学者（朱应皋，2006）还提出，优先实施保障粮食安全的粮食生产补贴，再实施与增加农民收入相关的补贴的观点。因此，粮食生产补贴目标应有主有辅，分阶段突出重点（高玉强，2011）。

我国四大粮食生产补贴中粮食直接补贴和农业机械购置补贴起始于 2004 年，良种补贴制度的巩固也在 2004 年，因此通过研究

2004 年一号文件的相关规定，可以发现政府对这三个重要补贴制度的目标定位。农业生产资料综合直接补贴从 2006 年开始实施，2007 年国务院出台的《关于做好 2007 年对种粮农民农资综合直补的通知》明确了农资综合直补的目的。根据 2004 年一号文件第七章"深化农村改革，为农民增收减负提供体制保障"中指出"为保护种粮农民利益，要建立对农民的直接补贴制度"，我国实行粮食直接补贴目的是保证种粮农民增加收入。根据 2004 年一号文件的相关内容，"（一）加强主产区粮食生产能力建设""提高农业机械化水平，对农民个人、农场职工、农业机械专业户和直接从事农业生产的农业机械服务组织购置和更新大型农业机械具给予一定补贴"，我国的农业机械购置补贴制度是出于提高产量能力，保障粮食安全。2004 年一号文件第二章"继续推进农业结构调整，挖掘农业内部增收潜力"中的"2004 年要增加资金规模，在小麦、大豆等粮食优势产区扩大良种补贴范围"，说明我国因农民增收问题而实行良种补贴制度。《关于做好 2007 年对种粮农民农资综合直补的通知》开篇说到，"在保持 2006 年农资综合直补政策相对稳定的前提下，适当调整和完善 2007 年新增农资综合直补政策目标，政策重点鼓励多产粮、多调粮、产好粮，更好地调动各地和农民粮食生产的积极性，促进粮食生产和农民增收"，即将粮食生产和农民增收作为农资综合直接补贴的目标。以上四大粮食生产补贴的目标是针对制度实行之初而确定的。2005 年一号文件对四大粮食生产补贴的目标没有进一步明确，相反地，在目标统一上却以保障粮食安全为主。2006 年一号文件在第三章"促进农民持续增收，夯实社会主义新农村建设的经济基础"中提到了保证粮食直接补贴、良种补贴、农业机械购置补贴的补贴力度和完善。2006 年一号文件又将这三种补贴的目标定位为增加种粮农民收入。之后，每年一号文件对四大粮食生产补贴的定位越来越模糊，一直徘徊在保障粮食安全和促进农民增收兼顾的目标取向上（见表8-1）。

在目标不明确的情况下，我国粮食生产补贴的发展越发容易失去方向。以我国粮食直接补贴为例，我国粮食直接补贴的依据有三种类型，分别为以计税面积或计税常产为依据，以农民实际种粮面积为依据，以农民实际出售商品粮数量为依据。若我国粮食直接补贴以保障粮食安全为目的，则三种补贴依据中，只有以农民实际种粮面积为依据的补贴方式才能有效地保障我国粮食安全。其他两种方式，都存在补贴与农民种粮、卖粮给国家的实际行为相脱节的可能，势必影响国家掌握粮源的能力。若粮食直接补贴以促进农民增收为目标，为了降低执行成本，那么补贴方式应采用脱钩补贴形式，脱离粮食生产实际行为来进行补贴。在这种形式下，比较适合采用计税面积、计税常产等为计算依据。但在我国当前的粮食生产补贴制度中，以上几种补贴依据都存在，这种目标模糊带来的补贴依据多样，让我国粮食生产补贴制度的效率低下。

表8-1 我国四大粮食生产补贴官方文件目标

补贴项目	补贴之初目标	当前目标
粮食直接补贴	增加种粮农民收入	保障粮食安全 提高种粮农民收入
良种补贴	保障粮食安全	
农业机械购置补贴	保障粮食安全	
农资综合补贴	保障粮食安全 增加种粮农民收入	

综合以上的分析，我国粮食生产补贴政策目标基本围绕着保障粮食安全和提高种粮农民收入这两个重心。近年来该政策实施后，

大量的事实和数据与学者们的研究，也都支持了我国粮食生产补贴已经达到了它的预期目标，到 2014 年我国粮食生产实现了"十一连增"，农民种粮收入也得到了提高，许多种粮农民认为，当前政府的种粮政策越来越好，种粮不光能卖钱，而且政府还额外给予补贴。事实也是如此，种粮农民往往只是把各种粮食生产补贴看成一种收入来源，而与粮食生产无关。结合本书研究结论，我们在感慨政府农业政策的不断进步与完善的同时，也需要进一步思考，如何促使我国粮食生产在政策引导下更健康、可持续地发展，让广大农民更加真切地享受经济增长带来的成果。

随着经济发展与技术进步，生产过程中的资本劳动比将会不断增大，引起经济增长的主要源泉是全要素生产率的提高，而不是要素投入的增加。这将促使我们进一步考虑，我国粮食生产补贴的目标设置如何随着我国具体资源状况和经济水平的发展，相应地进行调整。如果说保障粮食安全和提高农民收入是我国粮食生产补贴的短期目标，那么随着资源的短缺和工业经济的不断发展，我国粮食生产补贴政策就不能仅局限在二者上，而必须把眼光放到更长远的目标上，放在粮食生产效率的提高和技术进步上。

第二节　重构国家粮食安全体系

根据表 8-1，当前我国粮食生产补贴的目标之一是保障粮食安全。2012 年国家主席习近平提出，"中国始终高度重视国家粮食安全，把发展农业、造福农村、富裕农民、稳定地解决 13 亿人口的吃饭问题作为治国安邦重中之重的大事"，这一观点说明了中国粮食安全的重要意义。准确界定国家粮食安全内涵，对于我国农业发展的定位和农业政策的制定和实施有着举足轻重的意义。

上述论断的核心就是稳定地解决 13 亿人口的吃饭问题。该核心是指我国农业应生产出国内消费必要的、能满足 13 亿人基本需求的粮食，而不是指生产出全国人民所需各种高、中和低端的粮食，尤其是奢侈品粮食及其制品。国内部分有关部门和专家对之进行了过度简单化解读。他们认为，我国农业应生产出所有国内需要的粮食及制品，这实际上忽视了我国资源禀赋特点和我国经济发展所处的阶段。这种过度简单化解读易于造成在农业政策制定和执行过程中追求唯粮食产量是纲的后果。这种倾向极其不利于我国粮食生产的健康可持续发展。认识我国粮食安全的内涵包括以下几个方面。首先，要从单纯重视生产和总量过渡到关注粮食生产的各个方面。农业部农村经济研究中心产业与技术研究室主任张照新指出："目前国内粮食安全政策更多强调的是总量，即供应上的安全，而实际上应该强调三方面，第一是有，第二是买得起，第三是买得到。希望可以通过讨论、共同发声，帮助我们的国家逐步完善粮食安全政策，从原来较多重视总量，过渡到既有量又有类的政策。"其次，国家粮食安全不仅仅包括生产的安全，还涉及物流、交易市场、进出口、消费、金融、财税、储备、价格、预警等方面的安全，是一个完整的体系。再次，不能笼统地以粮食自给率衡量粮食安全是否存在问题。保持粮食安全的自给率，应该是满足人们基本实物消费的粮食自给率，而不是全社会粮食总消费的自给率。最后，在粮食生产安全的内涵中，也应该包含着多生产我国资源禀赋优势的产品品种，而进口那些国外有资源禀赋优势的品种，这也应该是我国粮食安全的内容。

因此，关于我国粮食安全的内涵如何界定，如何在这个基本前提下合理调整和完善我国粮食生产补贴政策，是今后有待进一步研究的主题。

第三节　优化农村劳动力结构

一个国家经济的发展往往伴随着人民收入的不断提高和农业劳动力的转移。近几十年来，我国农业劳动力大量向非农产业转移，为我国国民经济的快速发展提供了强大的动力，支持了我国经济多年来的高速增长，学术界谓之"人口红利"。而近几年来，我国经济发展出现减缓的趋势，而有些学者却有意或无意地去忽视我国农业劳动力不断加大速度向非农产业转移的事实（见图8-1），而称我国"人口红利"消失，并积极推动保留农村劳动力的政策制定和实施。

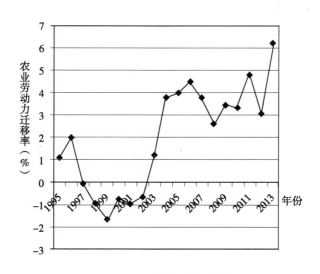

图 8-1　1995—2013 年我国农业劳动力迁移率

资料来源：历年《中国统计年鉴》。

如同索洛（1957）以及其他许多经济发展相关研究指出的，在本质上，随着经济发展与技术进步，生产过程中的资本劳动比将会不断增大，资本产出弹性会不断增加，从而替代劳动。所以我国粮食生产补贴政策更应关注的是粮食生产效率的提高、技术的进步，这样才会有利于我国粮食生产的健康发展，让农民享受经济增长的收益。而在当前我国农业生产率的水平下，纯粹保留农民继续从事农业生产并不能为他们带来收入增加，也不能带来农业生产率的提高。虽然许多研究提出，粮食生产补贴政策的收入效应表明了补贴促使种粮农民收入的显著增加，但这个增加可能只是绝对值，而从相对值来说，也许是降低的，如图 8-2 所示。

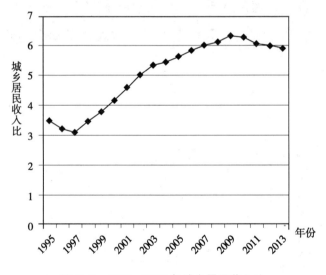

图 8-2   1995—2013 年城乡居民收入比

资料来源：历年《中国统计年鉴》。

从图 8-2 可以看到，从 20 世纪末到 2010 年的时间里城乡居民间的收入差距越来越大。该差距并没有因为粮食生产补贴政策、农业税彻底取消而减小。因此，留住农民继续在农村务农，在收入差距拉大的背景下难以长期有效。而且对于农民本身来说，强化他们留在农村的做法缺乏公平性。这就像以前我国采用户籍制把农民绑定在土地上一样，现在依赖补贴来留住农民也是不合理的。总之，这种做法不具有可持续性。

因此，解决对农民的粮食生产补贴问题，不应该是像现在把一定数额的粮食补贴资金简单地按照小块土地份额、人头去发红包，把粮食生产补贴作为农民的一种福利保障。我国粮食生产补贴体系的完善应着眼于粮食生产效率的提高和技术进步。我国粮食生产补贴可以通过优化农村劳动力的结构来提高粮食生产效率。正如表6-2所显示的，我国技术效率在 2004—2013 年间年增长率为 -0.074%，这导致了我国农业技术水平提高的同时农业全要素生产率并没有得到相应的增长。技术效率负增长，说明我国粮食生产过程中农业新技术的推广和运用、农业生产的组织方式等存在一定的问题。

优化农村劳动力结构可以在一定程度上改善我国技术效率偏低的状况。当文化程度较高的年轻一代农民不断向第二、第三产业转移时，农村劳动力结构恶化就不可避免，新技术的推广和应用必将困难重重，粮食生产的组织方式也势必无法改进。据江苏省农业科学院的调查数据显示，全省种地农民的平均年龄为 58.6 岁，农民人口老龄化趋势严重。[①] 江苏省作为粮食主产省，其种地农民年龄结构尚且如此，全国其他粮食主产省可见一斑。其实农业生产者老龄化不仅仅是我国特有，英、美等发达国家也有相同的问题，而发达国家非常重视新生代农民的培育。美国 2014 年农业法案积极扶持新

---

① 《江苏种地农民平均年龄 58.6 岁，老龄化困境亟待解决》，《新华日报》2013 年 3 月 7 日，http://jsnews.jschina.com.cn/system/2013/03/07/016471168.shtml。

生代农场主和牧场主，为粮食生产注入持续的、新鲜的动力。要吸引更多的年轻、文化程度高的劳动者进入农业生产领域，需要一系列的配套改革。在粮食生产补贴项目调整方面，可以考虑对新加入或留在农村的知识文化水平较高的年轻群体给予单独的专项补贴。

第四节　调整我国粮食生产补贴结构

我国农业生产力太低，粮食生产成本过高，没有国际竞争力。我国三大主粮生产成本基本上是美国的两倍，其中主要原因是当前我国人均耕地面积少，一直以来粮食生产多数是以小农耕作为模式。中国的人均耕地面积只有 0.09 公顷，农业劳动人均耕地面积是 0.4 公顷。我们的人均耕地面积比日本和韩国要多。日本人均耕地面积只有 0.03 公顷，韩国也是 0.03 公顷。但是中国的人均耕地面积有 0.09 公顷，是日本和韩国的 3 倍。可是我国平均每个劳动力的耕地面积只有 0.4 公顷，而韩国是 1.1 公顷，日本也有 2.5 公顷，比我们要高得多。[1] 因此有必要推动农业规模经营，降低生产成本。

加快促进粮食生产规模化经营是我国当前粮食生产非常重要的任务。只有通过规模化经营，才能提高粮食生产效率，降低粮食生产成本，促进国际竞争力的提高。但当前我国粮食生产补贴体系中却存在目标冲突的补贴项目。根据第六章的研究，一方面，我国粮食生产补贴体系整体上能阻碍农村劳动力的转移，另一方面，促进农村劳动力转移又能对农业机械购置产生积极影响。这说明我国粮

---

① 郭熙保、白松涛：《农业规模化经营：实现"四化"同步的根本出路》，《光明日报》2013 年 2 月 8 日，http：//theory. gmw. cn/2013-02/08/content_ 6665190. htm。

食生产补贴政策一方面从整体上阻碍粮食生产规模化经营，另一方面又通过农业机械购置补贴来促进粮食生产规模化经营，这前后矛盾的效果让我国粮食生产补贴政策效应大打折扣。这同时也说明，在我国粮食生产补贴体系中，有些项目和农业机械购置补贴的规模化经营目标相左。因此，我们非常有必要重新构建我国粮食生产补贴体系，确保补贴整体目标和单项补贴目标保持一致，从而充分发挥我国粮食生产补贴政策的积极效应。

为了早日实现粮食生产规模化经营，我们还需促进农村土地流转，构建并不断完善我国新型农业经营主体的政策支持体系。推动土地适度规模经营的过程必然会促进农业对社会化农业生产服务需求规模的不断提高，但目前我国对粮食生产环节的补贴政策支持力度还很不足，市场需求与供给之间不匹配的矛盾仍然较多。根据第三章第二节的研究，我国作为 WTO 成员绿箱政策种类少，规模小，黄箱政策支持虽然规模较大，但仍有很大的空间。

为了早日实现粮食生产规模化经营，我国粮食生产补贴政策需要进行调整。不仅要保证各单项补贴目标和补贴体系的整体目标一致，而且还需充分利用 WTO 对成员国国内农业支持的空间，逐步扩大黄箱支持政策实施规模和范围，调整和改进黄箱支持政策。

第五节　构建连续、稳定的农业法律体系

从 1933 年开始，美国政府通过出台农业法案来对国内农业政策进行系统的调整。农业法案每五年颁布一次。农业法案的颁布不仅保障美国农业政策的连续性、稳定性和前瞻性，也让美国农业投资者和生产者对农业的发展充满了信心。为了确保我国粮食生产政策

的稳定，我国有必要构建连续、稳定的农业法律体系。

　　根据我国法律法规效力等级规定，我国目前的法律法规可以分为四种，即由全国人大颁布实施的法律，由国务院颁布的行政法规，由国务院各部委发布的行政规章，由地方人大发布的地方性法规以及由地方政府发布的地方性规章。通过我国四大粮食生产补贴项目所依据的法律文件，我们发现我国四大粮食生产补贴项目所依据的文件法律等级较低，以行政法规和行政规章为主，具有法律效力的文件较少。关于确保国家支持农业发展的法律文件仅有《中华人民共和国农业机械化促进法》和《中华人民共和国农业法》。虽然《中华人民共和国农业法》对国家支持农业发展进行了明确规定，但是对农业补贴这种形式的认可依然空白。详情见附录。以行政法规和行政规章为主的农业补贴的执行依据体系缺乏稳定性和前瞻性，难以保证粮食生产补贴政策效力的发挥。

　　这十年来的农业支持政策都是通过每年国务院一号文件等政府条例的形式向社会公众传达，未以法律的形式加以确认。这种出台方式虽然表达了政府对农业问题的重视，但农业支持政策法律层次和权威性较低，缺乏稳定性，让国内外的农业投资者和农业生产者对农业生产和投资的前景缺乏信心和前瞻。构建适合我国国情的支持农业发展的法律体系势在必行。在我国，支持农业发展的法律体系建立不仅要考虑农业生产者的利益，还应考虑消费者对食品安全和环境保护的利益。不仅要加强各级农业管理部门的监督管理机制，更要加强农业执法能力建设。

第六节　推动粮食生产保险配套改革

2014 年美国新农业法案取消了实施近 18 年的固定农业直接补贴，完善了补贴依据，并强化了农业保险在防范农业生产风险中的作用。美国农业支持政策对我国粮食生产支持政策有非常重要的启示。

农业保险实际上是一种"重事后补贴，同时兼顾事前补贴"的方式。这种农业保障方式能激发农业生产者内在的生产能动性，还可以保障农民在遭受严重自然灾害或农产品价格下降时获得事先约定的补偿。整个保障体系不仅具有保障性，更具有内在生产能动性。而传统的农业直接补贴本质上只重事前补贴。这种补贴方式虽然能减轻农民从事农业生产的初期资金启动问题，但是"事后补贴"的缺位让农民无法对自己从事的农业生产活动充满信心，生产过程中必要的投入和信心都会有所保留。因此，农业直接补贴方式可以减轻农民的生产负担，但它是以巨大的政府财政负担为代价的。而农业保险制度下政府和农业生产者共同负担保费，农业生产者依靠自身的需要和承受能力购买保险，并能积极投身农业生产，因为农业保险为其解决了市场和自然因素可能带给他们的收入损失。因此，为了一方面摆脱沉重的财政支农负担，另一方面又能有效地支持农业发展，农业保险是我国农业补贴制度的发展方向。我国应逐步探索适合我国国情的粮食生产保险制度，建立健全相关的配套措施，如完善粮食生产保险条例、界定政府和作物保险公司的作用、建立农业保险公司、研发保险项目、建立再保险制度、明确财政负担机构、保险条款和赔付标准规划等。

第七节　建立代表农民利益的机构

　　美国 2014 年农业法案制定过程中代表农民利益的农业组织发挥了十分重要的作用，充分反映了美国农民的利益诉求。

　　而在我国代表农民利益的组织主要包括乡镇政府和村民委员会。但这两个组织不是乡村社会的内生组织，不能完全真正代表农民的利益。并且粮食生产补贴以及各项农业支持政策在通过这些官方机构落实时，都会产生各种不同程度的损耗，导致粮食生产补贴政策落实难，执行成本高。虽然我国农民利益表达的渠道很多，形式多样，如符合法律要求的信访、游行、选举人民代表、向国家机关或媒体反映、法律和行政公诉等。但这些利益表达渠道主要为个人利益表达服务的，而非整个农民集体的利益，所以在我国建立一个代表农民利益的机构，使之不仅能反馈农业生产者的诉求，更能在落实我国各项农业政策上起到非常重要的作用，如协调农业政策相关部门的利益，监督农业政策的执行，以求减少行政成本，提高行政效率。

附　录

我国粮食生产补贴项目主要文件一览表

补贴项目	文件	性质
粮食直接补贴	《中共中央国务院关于促进农民增加收入若干政策的意见》（中发〔2004〕1号）	行政法规
	《国务院关于进一步深化粮食流通体制改革的意见》（国发〔2004〕17号）	行政法规
	《关于进一步完善对种粮农民直接补贴政策的意见》（财建〔2005〕59号）	行政规章
	《国务院关于完善粮食流通体制改革政策措施的意见》（国发〔2006〕12号）	行政法规
	《对种粮农民直接补贴工作经费管理办法》（财建〔2008〕892号）	行政规章
	《关于进一步完善〈对种粮农民直接补贴工作经费管理办法〉的通知》（财建〔2009〕801号）	行政规章
良种补贴	《2009年中央财政农作物良种补贴项目实施指导意见》（农办财〔2009〕20号）	行政规章
	《中央财政农作物良种补贴资金管理办法》（财农〔2009〕440号）	行政规章
	《中央财政天然橡胶良种补贴项目资金管理办法（试行）》（财农〔2009〕70号）	行政规章
	《奶牛良种补贴资金管理暂行办法》（财农〔2007〕164号）和《生猪良种补贴资金管理暂行办法》（财农〔2007〕186号）	行政规章
农业机械购置补贴	《中华人民共和国农业机械化促进法》（中华人民共和国主席令第十六号）	法律
	《农业机械购置补贴资金使用管理办法》（财农〔2005〕11号）	行政规章
	《农业部办公厅关于做好2007年"以机代牛"补贴工作的通知》（农办机〔2007〕19号）	行政规章
	《农业部办公厅关于进一步做好2007年农业机械购置补贴工作的通知》（农办机〔2007〕24号）	行政规章
	2010年到2014年的农业机械购置补贴实施指导意见，如农办财〔2010〕28号	行政规章
	《2005年农业机械购置补贴专项实施方案》	行政规章
农资综合补贴	《关于做好2007年对种粮农民农资综合直补的通知》	行政规章
	《关于做好2008年对种粮农民农资综合直补的通知》	行政规章
	《进一步完善农资综合补贴动态调整机制的实施意见》（财建〔2009〕492号）	行政规章
	《关于开展粮食直补和农资综合补贴自查整改工作的通知》（财建明电〔2012〕1号）	行政规章

参考文献

［1］［日］祖田修：《农学原论》，张玉林译，中国人民大学出版社 2003 年版。

［2］徐勇、徐增阳：《流动中的乡村治理——对农民流动的政治社会学分析》，中国社会科学出版社 2003 年版。

［3］朱农：《中国劳动力流动与"三农"问题》，武汉大学出版社 2005 年版。

［4］马文杰：《中国粮食综合生产能力研究》，科学出版社 2010 年版。

［5］田维明：《中国粮食生产的技术效率》，《农村、社会、经济》，中国农业出版社 1998 年版。

［6］［美］罗伯特·M.索洛等：《选译经济增长因素分析》，史清琪等译，商务印书馆 1991 年版。

［7］何忠伟：《中国农业补贴政策效果与体系研究》，中国农业出版社 2005 年版。

［8］李建平：《我国农业保护政策研究》，人民出版社 2007 年版。

［9］靳黎民：《财政补贴与反哺农业——我国农业补贴方式转

变的思考》，中国财政经济出版 2007 年版。

[10] 程国强：《中国农业补贴制度设计与政策选择》，中国发展出版社 2011 年版。

[11] 蔡昉、王德文、都阳等：《中国农村改革与变迁：30 年历程和经验分析》，上海人民出版社 2008 年版。

[12] 韩俊等：《中国农村改革（2002—2012）》，上海远东出版社 2012 年版。

[13] 宋洪元等：《"十五"时期农业和农村政策回顾与评价》，中国农业出版社 2006 年版。

[14] 宋洪元等：《"十一五"时期农业和农村政策回顾与评价》，中国农业出版社 2010 年版。

[15] ［澳］Kym Anderson、［日］Yujiro Hagami：《农业保护的政治经济学：国际透视中的东亚经验》，中国农业出版社 1985 年版。

[16] 陈吉元、陈家骥、杨勋：《中国农村社会经济变迁 1949—1989》，山西经济出版社 1993 年版。

[17] 王小龙、杨柳：《中国粮食财政干预政策产出效应分析》，《财贸经济》2009 年第 1 期。

[18] 张照新、陈金强：《我国粮食补贴政策的框架、问题及政策建议》，《农业经济问题》2007 年第 7 期。

[19] 王姣、肖海峰：《我国良种补贴、农业机械补贴和减免农业税政策效果分析》，《农业经济问题》2007 年第 2 期。

[20] 钟甫宁、顾和军、纪月清：《农民角色分化与农业补贴政策的收入分配效应——江苏省农业税减免、粮食直补收入分配效应的实证研究》，《管理世界》2008 年第 5 期。

［21］钟春平、陈三攀、徐长生：《结构变迁、要素相对价格及农户行为——农业补贴的理论模型与微观经验证据》，《金融研究》2013 年第 5 期。

［22］程杰、武拉平：《粮食综合性收入补贴政策的研究评述及分析》，《高校社科动态》2008 年第 6 期。

［23］张建杰：《惠农政策背景下粮食主产区农户粮作经营行为研究——基于河南省调查数据的分析》，《农业经济问题》2007 年第 10 期。

［24］郭春丽、王健：《论当前我国粮农直补政策制度适应性效率的缺失》，《新疆农垦经济》2009 年第 1 期。

［25］蒋和平、吴祯培：《湖南省汨罗市实施粮食补贴政策的效果评价——基于农户调查资料分析》，《农业经济问题》2009 年第 11 期。

［26］陈钊、陆铭：《从分割到融合：城乡经济增长与社会和谐的政治经济学》，《经济研究》2008 年第 1 期。

［27］温铁军、董筱丹、石嫣：《中国农业发展方向的转变和政策导向：基于国际比较研究的视角》，《农业经济问题》2010 年第 10 期。

［28］郭庆旺、贾俊雪：《公共教育政策、经济增长与人力资本溢价》，《经济研究》2009 年第 10 期。

［29］林毅夫、蔡昉：《中国经济转型时期的地区差距分析》，《经济研究》1998 年第 6 期。

［30］张宗毅、周曙东、曹光乔等：《我国中长期农业机械购置补贴需求研究》，《农业经济问题》2009 年第 12 期。

［31］高玉强：《农业机械购置补贴与财政支农支出的传导机制

有效性——基于省际面板数据的经验分析》，《财贸经济》2010 年第 4 期。

［32］刘承芳、张林秀：《农户农业生产性投资影响因素研究——对江苏省六个县市的实证分析》，《中国农村观察》2002 年第 4 期。

［33］乔世君：《中国粮食生产技术效率的实证研究——随机前沿面生产函数的应用》，《数理统计与管理》2003 年第 3 期。

［34］孟令杰、张红梅：《中国小麦生产的技术效率地区差异》，《南京农业大学学报》（社会科学版）2002 年第 2 期。

［35］亢霞、刘秀梅：《我国粮食生产的技术效率分析——基于随机前沿分析方法》，《中国农村观察》2005 年第 4 期。

［36］李丹、李强：《中国农业生产效率分析：1995—2005》，《生产力研究》2009 年第 1 期。

［37］曾国平、黄利、曹跃群：《中国农业全要素生产率：动态演变、地区差距及收敛性》，《云南财经大学学报》2011 年第 5 期。

［38］白林、万忠、罗其友等：《中国农业全要素生产率构成及区域趋同性分析——基于 1996—2010 年 Malmquist 指数法》，《农业现代化研究》2012 年第 5 期。

［39］肖红波、王济民：《新世纪以来我国粮食综合技术效率和全要素生产率分析》，《农业技术经济》2012 年第 1 期。

［40］李磊、吴育华、杨顺元：《中国农业生产率的动态分析》，《西安电子科技大学学报》（社会科学版）2008 年第 6 期。

［41］郑京海、胡鞍钢：《中国改革时期省际生产率增长变化的实证分析》，《经济学》（季刊）2005 年第 4 期。

［42］方福前、张艳丽：《中国农业全要素生产率的变化及其影

响因素分析——基于 1991—2008 年 Malmquist 指数方法》,《经济理论与经济管理》2010 年第 9 期。

　　[43] 汪小勤、姜涛:《基于农业公共投资视角的中国农业技术效率分析》,《中国农村经济》2009 年第 5 期。

　　[44] 杨印生、张允:公共投资对粮食主产区农业生产率增长的驱动效应分析——基于吉林省 1989—2006 年数据的实证检验》,《数理统计与管理》2010 年第 4 期。

　　[45] 张淑辉、陈建成:《农业科研投资与农业生产率增长关系的实证研究》,《云南财经大学学报》2013 年第 5 期。

　　[46] 马草原:《非农收入、农业效率与农业投资——对我国农村劳动力转移格局的反思》,《经济问题》2009 年第 7 期。

　　[47] 彭代彦、吴翔:《中国农业技术效率与全要素生产率研究——基于农村劳动力结构变化的视角》,《经济学家》2013 年第 9 期。

　　[48] 姜岩、李扬:《政府补贴、风险管理与农业保险参保行为——基于江苏省农户调查数据的实证分析》,《农业技术经济》2012 年第 10 期。

　　[49] 米建伟、梁勤、马弊:《我国农业全要素生产率增长与公共投资的关系——基于 1984—2002 年分省份面板数据的实证分析》,《农业技术经济》2009 年第 3 期。

　　[50] 时悦、赵铁丰:《中国农业全要素生产率影响因素分析》,《华中农业大学学报》(社会科学版) 2009 年第 2 期。

　　[51] 匡远凤:《技术效率、技术进步、要素积累与中国农业经济增长——基于 SFA 的经验分析》,《数量经济技术经济研究》2012 年第 1 期。

［52］王玉霞、葛继红：《我国粮食补贴政策低效率的经济学分析》，《贵州社会科学》2009 年第 3 期。

［53］臧文如、傅新红、熊德平：《财政直接补贴政策对粮食数量安全的效果评价》，《农业技术经济》2010 年第 12 期。

［54］陈池波、江喜林、吕明霞：《从以农补工到反哺农业：对农业补贴短期与长期涵义的探讨》，《农业经济问题》2012 年第 12 期。

［55］李长健、李伟：《从利益到权利：农业补贴制度的法理分析与发展研究——以社会主义新农村建设为背景》，《上海交通大学学报》（哲学社会科学版）2007 年第 1 期。

［56］朱应皋：《中国农业补贴制度的变迁与反思》，《乡镇经济》2006 年第 3 期。

［57］鲁礼新：《1978 年以来我国农业补贴政策的阶段性变动及效果评价》，《改革与战略》2007 年第 11 期。

［58］何忠伟、蒋和平：《我国农业补贴政策的演变与走向》，《中国软科学》2003 年第 10 期。

［59］李玉琳、宋光军：《中国粮食价格改革：回顾与展望》，《中国物价》1991 年第 9 期。

［60］刘欢、刘贤钊：《农用生产资料价格补贴政策研究（上）》，《中国化工》1995 年第 3 期。

［61］沈淑霞、佟大新：《吉林省粮食直接补贴政策的效应分析》，《农业经济问题》2008 年第 8 期。

［62］程国强、朱满德：《中国工业化中期阶段的农业补贴制度与政策选择》，《管理世界》2012 年第 1 期。

［63］侯石安：《粮食安全与财政补贴政策的优化》，《管理世

界》2008 年第 11 期。

［64］赵德余、顾海英：《我国粮食直接补贴的地区差异及其存在的合理性》，《中国农村经济》2004 年第 8 期。

［65］叶兴庆：《"米袋子"省长负责制：政策含义、出台背景及完善对策》，《农业经济问题》1996 年第 1 期。

［66］孙杭生、顾焕章：《我国粮食收购保护价政策及定价机制研究》，《南京农业大学学报》（社会科学版）2002 年第 2 期。

［67］朱满德、程国强：《中国农业政策：支持水平、补贴效应与结构特征》，《管理世界》2011 年第 7 期。

［68］单爱军、孙先明、于斌：《发达国家农业机械化促进政策对我国的启示》，《农业机械化研究》2007 年第 4 期。

［69］程名望、张帅、潘煊：《农村劳动力转移影响粮食产量了吗？——基于中国主产区面板数据的实证分析》，《经济与管理研究》2013 年第 10 期。

［70］陈锡文、陈显阳、张建军：《中国农村人口老龄化对农业产出影响的量化研究》，《中国人口科学》2011 年第 6 期。

［71］李航：《诱致性技术进步下的农业生产率增长——中国 2001—2011 年省级面板数据的分析》，《求索》2013 年第 5 期。

［72］郭敏、屈艳芳：《农户融资行为实证研究》，《经济研究》2002 年第 6 期。

［73］韩喜平、商荔：《我国粮食直补政策的经济学分析》，《农业技术经济》2007 年第 3 期。

［74］陈晓玲、连玉君：《资本—劳动替代弹性与地区经济增长——德拉格兰德维尔假说的检验》，《经济学》（季刊）2012 年第 10 期。

［75］项继权：《农民协会组织的功能和作用：爱尔兰农民协会（IFA）的调查与思考》，《华中师范大学学报》（人文社会科学版）1999 年第 38 期。

［76］石慧、孟令杰、王怀明：《中国农业生产率的地区差距及波动性研究——基于随机前沿生产函数的分析》，《经济科学》2008 年第 3 期。

［77］赵芝俊、袁开智：《中国农业技术进步贡献率测算及分解：1985—2005》，《农业经济问题》2009 年第 3 期。

［78］郭军华、李帮义：《区域农业全要素生产率测算及其收敛分析》，《系统工程》2009 年第 12 期。

［79］周端明：《技术进步、技术效率与中国农业生产率增长——基于 DEA 的实证分析》，《数量经济技术经济研究》2009 年第 12 期。

［80］车维汉、杨荣：《技术效率、技术进步与中国农业全要素生产率的提高——基于国际比较的实证分析》，《财经研究》2010 年第 3 期。

［81］张为杰、宫芳：《农业机械化影响因素实证分析》，《沈阳大学学报》2009 年第 6 期。

［82］冯建英、穆维松、张领先等：《基于消费者购买意愿的农业机械市场需求分析》，《商业研究》2008 年第 2 期。

［83］陈卫平：《中国农业生产率增长、技术进步与效率变化：1990—2003 年》，《中国农村观察》2006 年第 1 期。

［84］李录堂、薛继亮：《中国农业生产率增长变化趋势研究：1980—2006》，《上海财经大学学报》2008 年第 4 期。

［85］杜艳艳：《2014 年美国农业法案的主要政策变化及其影

响》，《世界经济》2014 年第 12 期。

[86] 彭超：《美国 2014 年农业法案的市场化改革趋势》，《世界经济》2014 年第 5 期。

[87] 胡子君、齐楠：《美国农业保护政策》，《世界经济》2014 年第 4 期。

[88] 赵长保、李伟毅：《美国农业保险政策新动向及其启示》，《农业经济问题》2014 年第 6 期。

[89] 冯建英、穆维松、傅则田：《消费者的购买意愿研究综述》，《现代管理科学》2006 年第 11 期。

[90] 朱满德、刘超：《经济发展与农业补贴政策调整——日韩模式的经验》，《价格理论与实践》2011 年第 1 期。

[91] 侯石安：《农业补贴政策运行面临的问题与完善对策》，《学习与实践》2013 年第 6 期。

[92] 黄季焜：《增加收入、市场化：美国农业补贴政策的历史演变》，《中国社会科学报》2009 年 8 月 13 日。

[93] 刘俊杰：《直接补贴政策对粮食生产和农民收入的影响》，硕士学位论文，西南大学，2008 年。

[94] 盛燕：《直接补贴对粮食生产和农地利用的影响》，硕士学位论文，南京农业大学，2006 年。

[95] 高玉强：《农业补贴制度优化研究》，博士学位论文，东北财经大学，2011 年。

[96] Avner Ahituv and Ayal Kimhi, "Off-Farm Work and Capital Accumulation Decisions of Farmers Over the Life-Cycle: the Role of Heterogeneity and State Dependence", *Journal of Development Economics*, 2002, Vol. 68, No. 2: 329-353.

［97］ Barkley, Andrew P. and Flinchbaugh, Barry L. , "Self-Interest Among Kansas Farm Operators: Survey Results on Agricultural and Public Policy Issues", *Agribusiness*, 1990, Vol. 6, No. 6: 575-593.

［98］ Beach, E. D. , Boyd, R. and Uri, N. D. , "The effect of eliminating direct payments Land Values", *Journal of Real Estate Finance and Economics*, 1997, Vol. 15, No. 3, 239-260.

［99］ Bhaskar, A. and Beghin, J.C., "Decoupled Farm Payments and the Role of Base Acreage and Yield Updating under Uncertainty", Department of Economics Working Paper Series, Iowa State University, 2008.

［100］ Eudokia Balamou and Demetrios Psaltopoulos, "Nature of Rural-Urban Interdependencies and Their Diffusion Patterns in Southern Greece: An Interregional Sam Model", *Review of Urban & Regional Development Studies*, 2006, Vol. 18, No. 1: 60-83.

［101］ Benitez, P. C. , Kuosmanen, T. et al, "Conservation Payments Under Risk: A Stochastic Dominance Approach", *American Journal of Agricultural Economics*, 2006, Vol. 88, No. 1: 1-15.

［102］ Baffes, J. and Meerman, J., "From Prices to Incomes: Agricultural Subsidization Without Protection?", *The World Bank Research Observer*, 1998, Vol. 13, No. 2: 191-211.

［103］ Becker, Johannes, Fuest et al. , "EU Regional Policy and Tax Competition", *European Economic Review*, 2010, Vol. 54, No. 1: 150.

［104］ Benjamin and Kimhi, "Farm Work, Off-Farm Work and Hired Farm Labour: Estimating a Discrete-Choice Model of French Farm Couples' Labour Decisions", *European Review of Agricultural Economics*, 2006, Vol. 33, No. 2: 149-171.

［105］Breustedt, G. and Latacz-Lohmann U. et al. , "Organic or Conventional? Optimal Dairy Farming Technology Under the EU Milk Quota System and Organic Subsidies", *Food Policy*, 2011, Vol. 36, No. 2: 223-225.

［106］Baron, R. M. and Kenny, D. A. , "The Moderator-Mediator Variable Distinction in Social Psychological Research: Conceptual, Strategic and Statistical Considerations", *Journal of Personality and Social Psychology*, 1986, Vol. 5, No. 6: 1173-1182.

［107］Bathala, Chench and Appa Rao Korukonda, "An Analysis of Social WelfareIssues in Free Market Environments", *International Journal of Social Economics*, 2003, Vol. 30, No. 7: 854-867.

［108］Bezlepkina, I. V. , Oude Lansink, O. and Oskam, A. J. , "Effects of Subsidies in Russian Dairy Farming", *Agricultural Economics*, 2005, Vol. 33, No. 1: 277-288.

［109］Blomstrom Magnus, Lipsey Robert E. and Zejan Mario, "Is Fixed Investment the Key to Economic Growth?", *The Quarterly Journal of Economics*, 1996, Vol. 111, No. 1: 269-277.

［110］Breustedt, G. and Glauben, T. , "Driving Forces Behind Exiting From Farming in Western Europe", *Journal of Agricultural Economics*, 2007, Vol. 58, No. 1: 115-27.

［111］Brewin, Derek G. , Monchuk, Daniel C. and Partridge, Mark D. , "Examining the Adoption of Product and Process Innovations in the Canadian Food Processing Industry", *Canadian Journal of Agricultural Economics*, 2009, Vol. 57, No. 1: 75-85.

［112］Brummer, B., Blauben, T. and Lu, W. , "Policy Reform and

Productivity Change in Chinese Agriculture: A Distance Function Approach", *Journal of Development Economics*, 2006, Vol.81, No.1: 61-79.

[113] Burfisher, M. E. and Hopkins, J., "Decoupled Payments: Household Income Transfers in Contemporary U. S. Agriculture", Agricultural Economics Report No. 822, Economic Research Service, USDA, Washington DC, 2003.

[114] Card David and Dean R. Hyslop, "Estimating the Effects of a Time-Limited Earnings Subsidy for Welfare-leavers", *Econometrica*, 2005, Vol. 73, No. 6, 1723-1770.

[115] Chambers, R. G. and Lee, H., "Constrained Output Maximization and US Agriculture", *Applied Economics*, 1986, Vol. 18, No. 14: 347-358.

[116] Chau, N. H. and de Gorter, H., "Disentangling the Consequences of Direct Payment Schemes in Agriculture on Fixed Costs, Exit Decisions and Output", *American Journal of Agricultural Economics*, 2005, Vol. 87, No. 1: 1174-1181.

[117] Ciaian, P. and J. F. M. Swinnen, "Credit Market Imperfections and the Distribution of Policy Rents", *American Journal of Agricultural Economics*, 2009, Vol. 91, No. 4: 1124-139.

[118] D' Antoni et al., "Feast or Flee: Government Payments and Labor Migration From U. S. Agriculture", *Journal of Policy Modeling*, 2012, Vol. 34, No. 2: 181-189.

[119] Daveri and Faini, "Where Do Migrants Go?", *Oxford Economic Papers*, 1999, Vol. 51, No. 4: 595-622.

[120] De La Grandville, "In Quest of the Slutsky Diamond", *The*

American Economics Review, 1989, Vol. 79, No. 3: 468–481.

[121] De La Grandville, "Curvature and the Elasticity of Substitution: Straightening It Out", *Journal of Economics*, 1997, Vol. 66, no. 1: 23–34.

[122] Dollar, D., "Economic Reform and Allocative Efficiency in China'S State – Owned Industry", *Economic Development and Cultrual Change*, 1990, Vol. 39, No. 1: 89–105.

[123] Delong and Summers, "Fiscal Policy in a Depressed Economy/Comments and Discussion", *Brookings Papers on Economic Activity*, Washington: Brookings Institution Press, 2012: 233–297.

[124] Douarin Elodie and Latruffe Laure, "Potential Impact of the EU Single Area Payment on Farm Restructuring and Efficiency in Lithuania", *Post - Communist Economies*, 2011, Vol. 23, No. 1: 87–96.

[125] Fall and Magnac, "How Valuable is On-Farm Work to Farmers?", *American Journal of Agricultural Economics*, 2004, Vol. 86, No. 1: 267–281

[126] Fare, R., Grosskopf, S. and Norris, M., "Productivity Growth, Technical Progress and Efficiency Change in Industrialized Countries", *American Economic Review*, 1994, Vol. 84, No. 5: 1140–1044.

[127] Fulginiti and Perrin, "Prices Productivity in Agriculture", *The Review of Economics and Statistics*, 1993, Vol. 75, No. 3: 471–483.

[128] Giannakas, K. and Fulton, M, "The Economics of Decoupled Farm Payments Under Costly and Imperfect Enforcement", *Canadian Journal of Agricultural Economic*, 2005, Vol. 50, No. 3: 297–315.

［129］Giannakas, K., Schoney, R. and Tzouvelekas, V., "Technical Efficiency, Technological Change and Output Growth of Wheat Farms in Saskatchewan", *Canadian Journal of Agricultural Economics*, 2001, Vol. 49, No. 1: 135-152.

［130］Goetz, S. J. A., "Selectivity Model of Household Food Marketing Behavior in Sub-saharan Africa", *American Journal of Agricultural Economics*, 1992, Vol. 74, No. 2: 444-452.

［131］Gohin A., "Assessing Cap Reform: Sensitivity of Modeling Decoupled Policies", *Journal of Agricultural Economics*, 2006, Vol. 57, No. 3: 415-440.

［132］Goodmin et al., "What's Wrong With Our Models or Agricultural Land Values?", *American Journal of Agricultural Economics*, 2003, Vol. 85, No. 3: 744-749.

［133］Goodmin and Mishra, "Farming Efficiency and the Determinants of Multiple Job Holding by Farm Operators", *American Journal of Agricultural Economics*, 2004, Vol. 86, No. 3: 722-729.

［134］Baudry, J., "Ecological Consequences of Grazing Extensification and Land Abandment: Role of Interactions Between Environment, society and techniques", *Options Mediterraneennes-Serie Seminaire*, 2004 No. 15: 13-19.

［135］Guyomard, H., Mouel, C. L. and Gohin, A., "Impacts of Alternative Agricultural Income Support Schemes on Multiple Policy Goals", *European Review of Agricultural Economic*, 2004, Vol. 31, No. 2: 125-148.

［136］Happe, K. and Balmann, A., "Structural, Efficiency and

Income Effects of Direct Payments: An Agent-Based Analysis of Alternative Payments Schemes for the German Region Hohenlohe", *Proceedings of the 25th International Conference of Agricultural Economics*, Durban, South Africa, 2003.

[137] Happe, K., Balmann, A. and Kellermann, K., "Does Structure Matter? The Impact of Switching the Agricultural Policy Regime on Farm Structures", *Journal of Economic Behavior & Organization*, 2008, Vol. 10, No. 2: 431-444.

[138] Harris, J. and Todaro, M., "Migration. Unemployment and Development: A Two Sector Analysis", *American Economy Review*, 1970, No. 40: 126-142.

[139] Hennessy, D. A., "The Production Effects of Agricultural Income Support Policies Under Uncertainty", *American Journal of Agricultural Economics*, 1998, Vol. 80, No. 1: 46-57.

[140] Hone, G. W. and Whittaker, B.G., "Financial Institutions Duty (Amendment) Regulations", *Australian Tax Review*, 1991, Vol. 20, No. 4: 0-294.

[141] Hopkins et al., "Assessing Farm Household Well-Being-Beyond Farmers and Farm Income", *Amber Waves*, 2004, Vol. 2, No. 1: 8-9.

[142] Hsieh, T. and Klenow, J., "Misallocation and Manufacturing TFP in China and India", *Quarterly Journal of Economics*, 2009, Vol. 124, No. 4: 1403-1448.

[143] Hueth Brent, "The Goals of U. S. Agricultural Policy: A Mechanism Design Approach", *American Journal of Agricultural Economics*, 2000,

Vol. 82, No. 1: 156-167.

[144] Iraizoz, B. and Bardaji, I. and Rapun, M., "The Spanish Beef Sector in the 1990s: Impact of the BSE Crisis on Efficiency and Profitability", *Applied Economics*, 2005, Vol. 37, No. 4: 473-484.

[145] Fei, J.C.H. and Ranis, G., "A Theory of Economic Development", *Amerian Economic Review*, 1961, Vol. 120, No. 4: 75-86.

[146] Fei, J.C.H. and Ranis, G., "Development of the labor Surplus Economy: Theory and Policy", Homewood, ILL: Richard D. Irwin, 1964, pp. 266-268.

[147] Jin, S., Huang Hu, R. et al., "The Creation and Spread of Technology and Total Factor Productivity in China's Agriculture", *American Journal of Agirculture Economics*, 2002, No. 84: 916-930.

[148] Joe Dewbre and Cameron Short, "Alternative Policy Instruments for Agriculture Support: Consequences for Trade, Farm Income and Competitiveness", *Canadian Journal of Agriculture Economics*, December 2002, Vol. 50, No. 3: 443-464.

[149] Karagiannis, G. and Sarris, A., "Measuring and Explaining Scale Efficiency with the Parametric Approach: the Case of Greek Tobacco Growers", *Agricultural Economics*, 2005, Vol. 33 (supplement): 441-451.

[150] Kasimis, C., "The Multifunctional Role of Migrants in the Greek Countryside", *Journal of Ethnic and Migration Studies*, 2005, Vol. 31, No. 1: 99-127.

[151] Kawagoe and Hayamai, "The Intercountry Agricultural Production Function and Productivity Differences Among Countries", *Journal of Development Economics*, 1985, Vol. 19, No. 1-2: 113-133.

[152] Kenneth D. Roberts, "China's 'Tidal Wave' of Migrant Labor; What Can We Leam from Mexican Undocumented Migration to the United States?" *International Migration*, 1997, Vol. 31, No. 2: 249-293.

[153] Kleinhanss, W., Murillo, C., San Juan, C. et al., "Efficiency, Subsidies, and Environmental Adaptation of Animal Farming under CAP", *Agricultural Economics*, 2007, No. 36: 49-65.

[154] Kropp Whitaker, "The Impact of Decoupled Payments on the Cost of Operating Capital", *Agricultural Finance Review*, 2011, Vol. 71, No. 1: 25-40.

[155] Kumbhakar, S. and R. Bokusheva, "Modelling Farm Production Decisions under an Expenditure Constraint", *European Review of Agricultural Economics*, 2009, Vol. 36, No. 3: 343-67.

[156] Krugman Paul, "Myth of EastAsia's Miracle", *Foreign Affairs*, 1994, Vol. 73, No. 6: 62-78.

[157] Labrianidis, L. and T. Sykas, "Immigrants' Employment Strategies and Their Economic Welfare: The Case of the Greek Countryside", *Southeast European and Black Sea Studies*, 2010, Vol. 11, No. 2: 133-153.

[158] Larson and Mundlak, "On the Intersectoral Migration of Agricultural Labor", *Economic Development and Cultural Change*, 1997, Vol. 45, No. 2: 295-319.

[159] Latruffe et al., "Capitalization of Government of Support in Agricultural Land Prices: What do We Know?", *Journal of Economic Surveys*, 2009, Vol. 23, No. 4: 659-691.

[160] W. Liefert William and Z. Lerman et al. , "Agricultural Labor in Russia: Efficiency and Profitability", *Review of Agricultural Economics*, 2005, Vol. 27, No. 3: 412-417.

[161] Mclntosh, C. R. and Shogren J. and Dohlman E. , "Supply Response to Counter Cyclical Payments and Base Acre Updating under Uncertainty: An Experimental Study", *American Journal of Agricultural Economics*, 2007, Vol. 89, No. 4: 1046-1057.

[162] Mary, S. , "Assessing the Impacts of Pillar 1 and 2 Subsidies on TFP in French Crop Farms", *Journal of Agricultural Economics*, 2012, Vol. 90, No. 6: 76-85.

[163] McMillan John, Whalley John and Zhu Lijing, "The Impact of China's Economic Reforms on Agricultural Productivity Growth", *The Journal of Political Economy*, 1989, Vol. 97, No. 4: 781-809.

[164] Mines, R. and De Janvry A. , "Migration to the United States and Mexican rural development-a case study", *American Journal of Agricultural Economics*, 1982, Vol.64, No.3: 444-454.

[165] Jeffrey D. Mullen and Lin Shanshan et al. , "Farm-Level Risk Management Using Irrigation and Weather Derivatives", *Journal of Agricultural and Applied Economics*, United States: Southern Agricultural Economics Association, 2008. Vol. 40, No. 2: 485-492.

[166] OECD, *Distributional Effects of Agricultural Support in Selected OECD Countries*, Pairs: OECD, 1999.

[167] Olson, M. , *The Rise and Decline of Nations: Economic Growth, Stagflation, and Social Rigidities*, New Haven. CT: Yale University Press, 1982: 103-114.

[168] Orachos Napasintuwong, *Immigrant Workers and Technological Change: An Induced Innovation Perspective on Florida and U. S. Agriculture*, A Dissertation Presented to the Graduate School of the University of Florida in Partial fulfillment of the Requirement for the degree of doctor of Philosophy, University of Florida, 2004.

[169] M.Petrick and P.Zier, "Common Agricultural Policy Effects on Dynamic Labour Use in Agriculture", *Food Policy*, 2012, Vol. 37, No. 6: 671-672.

[170] R. Pomfret, "Economic Performance in Central Asia Since 1991: Macro and Micro Evidence", *Comparative Economic Studies*, 2003, Vol. 45, No. 4: 442-465.

[171] Rajan, Raghuram G. and Zingales Luigi, "Financial Dependence and Growth", *The American Economic Review*, 1998, Vol. 88, No. 3: 559-586.

[172] Rezitis, A., Tsiboukas K. and Tsoukalas S., "Investigation of Factors Influencing the Technical Efficiency of Agricultural Producers Participating in Farm Credit Programs: The Case of Greece", *Journal of Agricultural and Applied Economics*, 2003, Vol. 35, No. 3: 529-541.

[173] R. S. Paroda, "Input subsidies in agriculture needed reforms", *Agricultural situation in India*, 2000, Vol. 12, No. 57: 124-139.

[174] Sauer, J. and T. Park, "Organic Farming in Scandinavia – Productivity and Market Exit", *Ecological Economics*, 2009, Vol. 68, No. 8-9: 43-54.

[175] Sckokai, P. and Anton, J., "The Degree of Decoupling of

Area Payments for Arable Crops in the European Union", *American Journal of Agricultural Economics*, 2005, Vol. 87, No. 5: 1220-1228.

[176] Sckokai, P. and Moro, D., "Modeling the Reforms of the Common Agricultural Policy for Arable Crops under Uncertainty", *American Journal of Agricultural Economics*, 2006, Vol. 88, No. 1: 43-56.

[177] Serra, T., Stefanou, S. and Featherstone, A., "Investment Rigidity and Policy Measures", in *Selected Paper Prepared for Presentation at the American Agricultural Economics Association Annual Meeting*, Orlando, 2008, July 27-29.

[178] Serra, T., Zilberman, D. et al., "Replacement of Agricultural Price Supports by Area Payments in the European Union and the Effects on Pesticide Use", *American Journal of Agricultural Economics*, 2005, Vol. 87, No. 4: 870-884.

[179] Serra, Zilberman, et al., "Effects of Decoupling on the Mean and Variability of Output", *European Review of Agricultural Economics*, 2006, Vol. 33, No. 3: 269-288.

[180] Solow, Robert M., "Technical Change and Aggregate Production Function", *Review of Economics and Statistics*, 1957, Vol. 39, No. 10: 189-201.

[181] Thompson, S. R., Gohout, W. and Hemnann, R., "Cap Reforms in the 1990s and Their Price and Welfare Implicationsahe Case of Wheat", *Journal of Agricultural Economics*, 2002, Vol. 53, No. 1: 1-13.

[182] Todaro, M. P., "A Model for Labor Migration and Urban Unemployment in Less Developed Countries", *The American Economic*

Review, 1969, Vol. 59, No. 1: 138–148.

[183] Tuteja Usha, "Utilisation of Agricultural Input Subsidies by Scheduled Caste vis-à-vis Non-Scheduled Caste Farmers in Haryana", *Indian Journal of Agricultural Economics*, 2004, Vol. 59, No. 4: 722–744.

[184] Valdes, A., "Measures of Agricultural Support Policies in Transition Economies: 1994–1997", *The American Economic Review*, 1999, Vol. 89, No. 2: 178–198.

[185] Vizvári Béla.and Lakner Zoltán, "A Stochastic Programming Based Analysis of the Field Use in a Farm", *Annals of Operations Research*, 2009, Vol.219, No.1: 231–242.

[186] Lewis, W. A., "Economic Development with Unlimtited Supplies of Labour", *The Manchester School*. 1954, Vol. 22, No. 2: 139–191.

[187] Weersink Alfons, Clark Steve and Turvey Calum G., "The Effect of Agricultural Policy on Farmland Values", *Land Economics*, 1999, Vol. 75, No. 3: 425–438.

[188] Weersink, A., Clark, S. and Turvey, C. G., et al., "The Effect of Agricultural Policy on Farmland Values", *Land Economics*, 1999, Vol. 75, No. 3: 425–439.

[189] Westcott, P., "Counter-cyclical Payments Under the 2002 Farm Act: Production Effects Likely to Be Limited", *Choices*, 2005, Vol. 20, No. 3: 201–205.

[190] Wu, H. X. and Meng, X., "Do Chinese Farmers Reinvest in Grain Production", *China Economic Review*, 1997, Vol. 7, No. 2:

123-134.

[191] Yan Wang and Yudong Yao, "Sources of China's Economic Growth 1952-1999 In Corporating Human Capital Accumulation.", *China Economic Review*, 2003, Vol. 14, No. 1: 32-52.

[192] Zanias, George P., "Adjustment Costs, Production Functions and Capital-Labour Substitution in Greek Manufacturing: 1958-80", *Applied Economics*, 1991, Vol. 23, No. 1: 49-56.

[193] Zhao, Y., "Causes and Consequences of Return Migration: Recent Evidence from China", *Journal of Comparative Economics*, 2002, Vol. 30, No. 2: 376-394.

[194] Zhu, X., R.M.Demeter.and A.Oude Lansink, "Technical Efficiency and Productivity Differentials of Dairy Farms in Three EU countries: The Role of CAP Subsidies", *Agricultural Economics Review*, 2012, Vol.13, No.1: 66-92.

[195] Zhu, X. and A. Oude Lansink, "Impact of CAP Subsidies on Technical Efficiency of Crop Farms in Germany, the Netherlands and Sweden", *Journal of Agricultural Economics*, 2010, Vol. 61, No. 3: 545-564.